군관 일기

−17세기 함경도 변방에서의 일년−

이 저서는 2019년 대한민국 교육부와 한국연구재단의 인문사회분야 중건연구자지원사업의
지원을 받아 수행된 연구임(NRF-2019S1A5A2A01034968)

군관 일기

-17세기 함경도 변방에서의 일년-

우 인 수 지음

경인문화사

〈일러두기〉

1. 『부북일기』 중 아버지 박계숙의 일기는 『일기①』로, 아들 박취문의 일기는 『일기②』로 표기하였다.
2. 본문과 각주에 나오는 연월일은 모두 음력 기준이다.
3. 본서에 인용된 『부북일기』 중 연대가 1606년 전후의 것은 아버지 박계숙의 일기이고, 1645년 전후의 것은 아들 박취문의 일기이다.

목 차

들어가는 글 : 『부북일기』와 박계숙·박취문 부자

『부북일기赴北日記』는 함경도로 부방赴防하러 간 울산의 무과급제자가 남긴 일기이다. 부방은 다른 지방 사람이나 군대가 서북 변경을 방어하기 위하여 파견 근무하던 일을 의미한다. 이 일기를 남긴 주인공은 경상도 울산의 박계숙·박취문 부자이다. 무과에 급제한 아버지와 아들은 약 40년의 시차를 두고 함경도 최전방지역인 회령에서 1년간씩 군관으로 복무하였다. 각각 1606년(선조 39)과 1645년(인조 23) 무렵이었다. 『부북일기』는 그때 그들이 쓴 일기를 합쳐놓은 것이다.

조선왕조는 문관 우위의 사회였기 때문에 같은 양반 신분이라 하더라도 무관에 관한 자료는 매우 영세한 편이다. 무관의 실상을 밝히는 데도 어려움이 있으며, 실상에 대한 이해도 부족할 수밖에 없다. 그런 상황에서 군관의 부방생활의 일기인 『부북일기』는 시선을 끌기 충분하다. 무신들이 남긴 자료가 많지 않은 상황임을 고려하면 이 일기의 가치는 더욱 커진다.

『부북일기』는 군관의 일기라는 점에서 희소가치가 있을 뿐 아니라 생활 주변의 자질구레한 것까지도 숨김없이 자세하게 서술해 놓은 것이 큰 장점이라고 할 수 있다. 부방생활 기간 동안 하루도 빠짐없이 비교적 자세하게 그날그날 있었던 자기 주변의 일들을 서술해 놓고 있다. 변방지역 군사업무의 실상과 군관들의 생활상을 살펴보는 데 도움을 주며, 경상도 울산에서 함경도 회령에 이르는 노정이 빠짐없이 기록되어 있어 당시의 도로교통의 실태도 실감할 수 있다. 마치 400년 뒤 역사학자에 의해 분석되고 연구될 것임을 안 듯한 박계숙과 박취문 부자는 기록인으로서 훌륭한 모범을 보인 사람이었다.

박계숙[1569년(선조 2)~1646년(인조 24)]의 본관은 울산으로 나말여초 울산지역의 유력한 토호였던 박윤웅의 후예였다. 그의 가문이 향인의 주목을 받는 것은 아버지 박홍춘에게 이르러서였는데, 무과에 급제한 후 임진왜란 때는 언양·기장 현감으로 있으면서 공을 세워 선무원종공신宣武原從功臣에 책록된 인물이었다. 박계숙도 아버지를 도와 공을 세웠고, 1594년(선조 27)에 26세의 나이로 무과에 급제하였으며, 아버지와 함께 선무원종공신에 책록되었다. 그리고 1605년(선조 38) 37세 때 '일당백장사一當百壯士'에 선발되어 함경도 지역의 부방길에 올랐다. '일당백장사'는 남쪽 지역에서 선발되어 왔다는 의미에서 '남방장사南方壯士', 또는 '남래장사南來壯士'로 칭해지기도 하였다. 1583년(선조 16) 이탕개尼蕩介의 난과 1592년(선조 25)부터 시작된 임진왜란을 극복하기 위해 수년에 걸쳐 뽑은 무과 출신자가 만명에 이를 정도로 많았는데, 그중 하삼도下三道 지역 출신자 2,900여명을 차출하여 순차적으로 국경지역 부방에 응하도록 조처한 바 있었다. 박계숙의 경우는 바로 여기에 해당하였다. 이후 그는 선전관宣傳官, 훈련원訓練院 부정副正의 관직을 역임하였다.

박취문[1617년(광해군 9)~1690년(숙종 16)]은 1644년(인조 22) 28세에 무과에 급제한 후, 그해 겨울 신급제자로서 함경도에 의무 부방하였다. 1583년(선조 16) 이후 조선은 무과에 새로 급제한 자들을 북변으로 보내 군관으로 1년간 의무적으로 복무하게 하였다. 이 의무 사항은 『신보수교집록新補受敎輯錄』(兵典, 留防條)을 거쳐 『속대전續大典』(兵典, 留防條)에 정식으로 수록되었다. 문·무과 급제자를 출신이라고 하였기 때문에, 이러한 군관을 출신군관出身軍官이라 하였다. 그 후 그는 선전관을 거쳐 경상좌도 병마절도사영과 수군절도사영의 우후虞候, 훈련원 부정을 지냈으며, 지방관으로 인동·갑산·김해의 수령을 역임하였다.

박계숙이 변경지역 근무에 대한 기록을 일기 형태로 남긴 동기는 분명하지 않다. 그가 평상시에 일기를 썼는지도 확인되지 않는다. 변경지역에서의 부방이 평상시의 일상적인 일이 아닌 특별한 경험이었기 때문이었을 것으로 추측할 뿐이다. 분명한 것은 박계숙이 기록을 남기겠다는 특별한 마음의 다짐을 하고 부방에 임했다는 사실이다. 이는 지나간 곳의 정확한 지명과 길의 잇수 뿐 아니라 만난 사람이나 숙박한 곳의 주인 이름까지 상세히 일기에 적혀있는 데서 알 수 있다. 아들인 박취문의 경우는 아버지의 일기를 본 뒤 그 영향을 받아 쓴 것으로 생각되는데, 이는 그의 일기가 아버지의 것과 비슷한 형식으로 구성되어 있는 사실에서 짐작할 수 있다.

박계숙의 일기는 1605년(선조 38) 10월 15일 울산에서 출발한 때부터 1년간 함경도 회령 보을하진甫乙下鎭에서의 부방생활을 마치고 집에 도착한 1607년(선조 40) 1월 1일까지의 일기이다. 박취문의 일기는 1644년(인조 22) 12월 9일 울산에서 출발한 때부터 1년간 함경도 회령부와 경성鏡城의 병마절도사영에서 부방생활을 마치고 집에 도착한 1646년(인조 24) 4월 4일까지의 일기이다.

『부북일기』의 보존 상태는 비교적 양호하다. 총 79장 1책으로 부자의 일기가 합본되어 있는데, 박계숙의 일기가 24장, 박취문의 일기가 55장으로 구성되어 있다. 책의 크기는 약 가로 19cm, 세로 27cm이다. 일기의 한 면은 11행으로 되어 있고, 1행당 21자씩 정서 되어 있어 전체적으로 깔끔한 인상을 주고 있다. 글씨는 또박또박한 해서체로 쉽게 판독할 수 있다. 박계숙 부방일기의 첫 부분은 '家嚴甲午新及第赴防時日記卽無 乙巳以一當百被抄赴北時日記'라고 되어 있는데, '가엄家嚴'이라 표현한 것으로 미루어 아들 박취문의 처지에서 아버지 박계숙의 일기를 새로 정서하면서 붙인 것으로 추정된다. 물론 일기의 글씨는 박취문 자신이 썼을 수도 있고, 필사자를 구해서 정서시켰을 수도 있다.

그런데 이 일기의 앞부분 세 장 즉 박계숙 일기의 앞부분 세 장의 필체가 뒷부분 전체의 필체와 다르다. 짐작건대 후대 어느 시점에 일기의 앞부분의 파손이 심해짐에 따라 후손 중의 누군가가 앞부분 세 장을 정서하여 교체하였을 가능성이 크다. 바로 뒤이은 다섯째 장과 여섯째 장에는 더 이상의 파손을 막으려는 조처로 뒷면에 종이를 덧대어 붙여 놓은 흔적이 있는 것이 더욱 그 가능성을 뒷받침해 주고 있다. 또 앞표지 바로 뒤에 첨부된 한 장의 백지에는 일기에 나오는 '선전공宣傳公' 즉 박계숙의 시 3수와 그리고 '영장공營將公' 즉 박취문의 시와 시조 5수가 별도로 발췌되어 있다. 시의 저자를 '선전공'·'영장공'이라 지칭한 점과 책의 원본 상태 등을 종합해 볼 때, 원본을 정서하여 교체한 이후 누군가가 시를 따로 발췌하는 곳으로 이 백지를 활용한 것으로 짐작된다. 또 박취문 일기 중 일부 쪽은 뒷면이 이면지로 활용되면서 훼손되어 있는데,[1] 본문의 판독에는 다행히 별 지장이 없다.

그런데 표지에 적혀있는 『부북일기』라는 제목은 일기를 쓴 박계숙이나 박취문이 붙인 것은 아니다. 대부분 일기를 남긴 사람은 일기 표지에 그냥 일기, 일록이라 쓰고, 혹 연도를 나타내는 간지를 써 두어 몇 년도의 일기라는 점을 나타내었다. 유명한 이순신의 『난중일기』도 그러하고, 권상일의 『청대일기』도 마찬가지이다. 『부북일기』를 처음 접한 충북대 국문학과 이수봉교수가 표지에 '赴北日記'라고 썼다는 말을 울산박물관장을 지낸 신형석으로부터 간접적으로 전해 들은 바 있다. 어쨌든 '부북'이라는 단어는 박계숙의 일기와 박취문의 일기에서 모두 사용한 표현으로서 일기의 성격을 가장 잘 압축적으로 보여준다고 생각한다. 또 그 이름으로 이미 여러 논문과 번역책이 나온 바도 있어 공연한 혼란을 일으킬 필요성도 느끼지 못하기 때문에 그대로 사용하기로 한다.

이 일기를 저자가 처음 접한 것은 울산전문대학(현 울산과학대학교) 교수로 있던 1994년 즈음이었다. 당시 같은 캠퍼스 내에 있던 울산대학교 도서관을 둘러보러 갔다가 향토자료실의 서가에 꽂혀있던 『부북일기』 복사본을 우연히 보게 되었다. 수소문 끝에 원본 소장자인 후손 박인우씨를 만나 원본 상태를 확인할 수 있었다. 곧 『부북일기』를 읽으면서 내용을 분석

---

1) '八道院記'라는 제목하에 영남지역 서원의 상황을 지역별로 나누어 십수쪽에 걸쳐 조악하게 필사해 두었다. 서원 중에는 정조대에 건립된 것도 있어, 적어도 그 이후의 후손 중 누군가에 의해 훼손되었음을 알 수 있다.

하기 시작하였고, 동시에 『부북일기』를 먼저 소개한 울산 출신의 국문학자 이수봉교수의 논고를 살펴보면서 내용상의 오류가 적지 않은 점도 파악할 수 있었다.

이에 역사연구자의 관점에서 논문을 작성하여 한국사연구회에서 논문을 발표하고 1997년 『한국사연구』 제 96집에 「『부북일기』를 통해 본 17세기 출신군관의 부방생활」이라는 제목으로 게재하였다. 2003년에는 『부북일기』에 많이 나오는 기생 부분에 초점을 맞추어 「조선후기 북변지역 기생의 생활 양태」라는 제목의 별도 논문을 부산경남사학회의 학회지 『역사와 경계』 제 48집에 게재하였다. 또 2011년에는 활쏘기 관련 내용에 초점을 둔 논고 「『부북일기』에 나타난 무인의 활쏘기 훈련」을 육군사관학교 주최의 학술대회에서 발표한 후 육군사관학교 육군박물관 『학예지』 제 18집에 게재하였다. 그 후 『부북일기』는 2011년에 개관한 울산박물관에 기증되었고, 그 기념의 일환으로 『부북일기』의 번역 작업이 추진되었다. 당시 경북대학교 교수로 자리를 옮겨있던 필자가 번역과 해제를 맡아서 2012년 번역본 『부북일기』가 울산박물관에서 출간되었다.

이상의 작업으로 필자의 능력 범위 내에서 할 수 있는 『부북일기』에 대한 학술 논문은 대략 일단락되었다고 할 수 있다. 하지만 마음 한구석에는 이를 종합하여 학술 저서로서의 내용과 형식을 갖추되 일반인도 읽을 수 있는 수준으로 만들고 싶은 바람이 있었다. 이 책은 그 오랜 바람의 결과물이다.

본서는 『부북일기』의 내용을 세밀하게 분석하고 해석하여 당대의 생생한 생활 모습을 그려내고자 하였다. 서술의 큰 줄기는 아들 박취문의 일기를 중심으로 잡고, 아버지의 일기를 참고로 군데군데 필요한 부분을 보충하는 방식을 택하였다. 또한 『부북일기』의 내용을 위주로 서술하되 각종 다른 사료의 검토를 통해 객관성을 부여하고 또 의미를 부여하고자 하였다. 더러는 해설자의 시선을 투영하기도 하였다. 내용 대부분은 이 기록 정신이 투철한 두 사람의 일기를 통해 파악할 수 있는 내용으로 채워질 텐데, 총 4부 21개 장으로 구성하였다.

제 1부는 경상도 울산에서 함경도 회령까지의 노정과 오가는 길에 얽힌 사연을 담았다. 음식과 숙박처 및 말먹이는 어떻게 조달하였는지? 노정의 곳곳에서 겪은 어려움과 애환은 어떠하였는지를 살폈다.

제 2부는 국경지역인 두만강변 회령에 근무한 군관의 눈과 기록을 통해 조선후기 국경의 방어체제와 병영의 훈련 모습을 살피고자 한다. 회령 지역을 포함한 함경도 6진 지역의 방어체제, 정기적인 훈련의 실제, 중앙의 정기적인 점검의 모습, 함경도 차원의 점검, 하절기와 동절기의 방어체제, 군관들의 활쏘기 훈련과 활쏘기 시합, 조총 제작 과정, 회령에서 열린 개시의 모습을 그려내고자 하였다. 아울러 군관의 생활에 깊숙이 관여된 존재인 방직房直 기생에 대한 이해를 통해 조선조 기생의 존재 이유와 생존 방식도 밝혔다.

제 3부는 병영 내에서의 일상생활과 관련한 모습을 그렸다. 일정 기간 근무나 복무를 위해 온 사람도 있지만, 그곳에 토착해서 사는 사람도 있는 곳이 국경지대였다. 이런 서로 다른 부류의 사람이 뒤섞여 살면서 이곳만의 환경과 생활 모습이 형성되었다. 군관 부자와 기생 모녀의 대를 이은 만남은 변방 지역이라는 환경에서 만들어진 인연이었다. 변경의 특수한 상황을 제외하면 역시 사람이 사는 곳이었다. 주고받은 선물의 종류와 관행, 크고 작은 술자리의 모습, 동행한 사내종의 활약, 편지와 고향 생각 등 일상생활의 일면도 드러내고자 하였다.

제 4부는 마무리를 겸하여 복무를 끝내고 돌아가는 귀향길을 그렸다. 복무 기한이 만료되어 떠나는 자와 남은 자의 이별 장면에서 보이는 인간적인 정을 느낄 수 있다. 돌아가는 길에 물이 불어난 강을 건너다가 죽을 고비를 넘기는 장면에서는 딱하고 안쓰러운 마음이 든다.

요컨대 본서는 무과에 새로 급제하여 약 1년간 변경지역에서 의무 복무한 군관을 중심으로 병영과 변경에서의 생활 모습을 구현해내려 한 것이다. 박계숙과 박취문의 일기를 분석하여 내용의 중심 뼈대로 삼고, 연대기를 비롯한 다양한 사료와 기존의 연구를 활용하였다. 충분한 전문성을 갖춘 가운데 좀 더 깊은 내용의 역사서를 갈망하는 일반인들의 욕구도 충족시킬 수 있는 수준을 목표로 하였다. 형식적인 측면에서도 몇 편의 논문을 단순히 취합하여 체제를 구성하는 방식을 지양하였다. 논문에서 다룬 내용을 해체하여 적절한 장 제목으로 재편성하여 구성하였다. 일기의 생생함을 전하기 위해 일기의 원문도 번역하여 적절하게 배치하여 넣었다. 무엇보다 책을 접하는 독자들이 긴장감을 유지하면서 조금은 흥미롭게 읽을 수 있도록 유의하였다.

부록으로 논문 한 편을 첨가하였다. 선조조 이탕개의 난 이후 무과급제자에게 부여된 의무 부방제의 시대적 변화 추이를 살핀 글이다. 이 논문은 『부북일기』에 등장하는 많은 신출신 군관들이 북변에서 1년간씩 부방한 이유를 설명해 주는 글이다. 관심있는 독자는 이 논문을 먼저 읽어서 배경지식으로 시대적 분위기를 살피는 것도 하나의 방법이다.

책으로 엮는 데는 한국연구재단의 지원을 받았다. 연구비를 신청할 당시에는 남북 화해 분위기가 조성되고 있어서 연구 기간 내에 잘하면 회령을 다녀올 수도 있겠다는 생각도 했고, 그렇게 되지 않더라도 적어도 책이 나온 이후 후손이나 독자들과 함께 회령을 다녀올 수도 있겠다는 상상의 나래를 펼치기도 하였다. 하지만 연구 기간이 끝나고 저서 출판이 이루어질 때까지 회령을 다녀올 기회는 오지 않았다. 아쉽지만 더 먼 미래를 기약해본다.

제1부

경상도 울산에서 함경도 회령까지

1장 북쪽을 향한 출발

1644년(인조 22) 12월 10일 박취문은 울산 집을 떠나 출발하였다. 거주지 소재 병영의 점고를 받는 것이 공식적인 출발의 시작이었다. 군관들은 거주지 도에서 정한 특정 장소에 모여 점고한 후 목적지 병영을 향해 출발하였고, 목적지 병영에 도착해서는 최종 점고를 받고 근무지를 배정받게 되어 있었다. 당시 경상좌도 병영은 울산에 있었지만, 경상좌도 각지에서 출발하여 북상하는 급제자들의 편의를 위해 좌도의 북쪽 중앙에 위치한 의성에서 병마우후가 출발지 점고를 하기로 되어 있었고, 점고 날짜는 12월 15일로 잡혀있었다.

울산 출신인 박취문의 1차 목표 지점은 점고받는 곳인 의성이었다. 점고 날짜인 15일에 도착할 수 있도록 요량하여 출발 날짜를 맞추었다. 출발 전날에 미리 울산지역을 관할하는 관리들을 찾아뵙고 인사를 드렸다. 울산은 조선초부터 군사 요충지로 중시되어 경상좌도 병마절도사영이 설치되어 있어 병마절도사가 상주하고 있는 곳이었다. 먼저 좌병영의 병마절도사 임충간을 찾아뵙고 하직 인사를 드렸다. 그리고 울산의 수령인 부사 도신수를 찾아가 인사를 드렸다.

출발 당일인 10일에는 집을 나서서 읍내 반구정에 사는 삼촌 댁에 들러 인사를 올렸고, 이어 좌수 이시복에게도 방문하여 인사를 드렸다. 그리고 같은 울산인으로 함께 부방길에 나서는 이석로와 만나 사청射廳에 있는 처가에서 숙박하였다. 11일에는 울산 북쪽 농소에 거주하는 집안 어른인 좌수 이득훈과 이득곤을 뵙고 인사드렸는데, 팔촌 형인 이명·이래·이규 삼형제를 위시하여 그 외 연소배들이 모여 있었다. 이날 함께 부방을 떠나는 박이명과 박이돈도 이곳에 도착하여 종일 전별연을 벌이면서 하룻밤을 묵었다. 울산 출신으로 함께 부방 갈 무과급제자 4명이 모두 모인 셈이다.

12일 출발하여 울산 경계를 넘어 경주로 들어섰다. 입실에 있는 삼촌댁에 들러 하직 인사를 한 후에 신원新院에 도착하였다. 입실에 사는 황윤엽·황윤욱 등 여러 벗과 개곡리에 사는 오필창·최수곤·건수도 등 여러 친구가 함께 모여 들판에서 송별연을 열어주었다. 해 질 녘에 경주 읍내 외곽의 능지陵旨에 도착하였는데, 임적 형제가 또 전별연을 열어주었다. 점고 일자가 가까이 닥친 까닭으로 부득이하게 해가 진 후에 출발하여 왕가당王哥堂에 도착하였으나 상하 모두가 크게 취하여 더는 앞으로 나아갈 수 없었다. 할 수 없이 길에서 숙박하였다.

13일에 경주 아화역阿火驛에 도착하여 아침을 먹었다. 짐 싣는 말 한 필이 발을 절뚝거려서 동생 박취순의 암말과 바꾸었다. 그리고 울산에서 따라온 박취순과 사내종 기수를 집으로 돌려보냈다. 도촌道村에 사는 처삼촌인 생원 박창호를 뵙고, 영천에 도착하여 잠깐 쉬었다가 신령역新寧驛에 도착하여 숙박하였다. 다음날 새벽에 출발하여 의흥義興의 삽척촌揷尺村에서 아침을 먹었다. 박이명이 갑자기 아파서 곽란霍亂을 일으켰으나 겨우 이동하여 40리를 가서 청로역靑路驛에서 숙박하였다.

점고일인 15일 새벽에 출발하여 35리를 가서야 겨우 제시간에 점고 장소인 의성현義城縣에 도착할 수 있었다. 여기서 울산의 옆 고을인 언양 출신의 급제자 3명을 만나 함께 병마우후의 점고를 받았다. 며칠을 의성에 머물며 휴식을 취하였다. 16일에 처음으로 소정의 양식을 지급받았다. 울산으로 돌려보낼 인마는 돌려보내고 장비를 재정비한 후 18일 일찍 출발하였다. 군관들은 북쪽으로 이동할 때 대개 삼삼오오 무리를 지어 이동하였다. 함께 이동하는 것이 여러 가지 면에서 편한 점이 있었고, 이동시의 위험도 줄일 수 있었다. 울산 출신의 박취문·이석로·박이명·박이돈과 언양 출신인 장두민·이득영·김사룡 등 7명의 급제자는 이곳에서부터 함경도 북병영을 향해 동행하였다.[1]

함경도까지는 동해안 길을 따라가는 것으로 정하였다. 의성에서 안동·청송·진보를 거쳐 영해로 나아갔다. 그리고는 이제부터는 해안을 따라 북상하였다. 함흥에 도착하여 관찰사로부터 점고를 받았고, 행영에 도착하여 북병사로부터 최종 점고를 받았으며, 회령을 복무 장소로 지정받았다. 울산에서 출발하여 회령에 도착하는데 총 70여일이 소요되었다. 돌아오는 길은 대개 간 길의 역순이었는데, 역시 70여일이 걸려 울산 집에 도착하였다.

40년 전 아버지 박계숙이 부방을 떠날 때는 경상도 출신으로서 함경도에 배치된 군관이 총 17인이었다. 영천에서 서울까지는 9인이 동행하였고, 서울에서 함경도까지는 17인이 모두 동행하였다. 박계숙 일행은 원래 안동까지 가서 점고를 받아야 했으나 영천에서 경상도 병마절도사로부터 미리 점고를 받고 바로 서울로 상경하는 편의를 제공받았다.[2] 그 후 일행은 조령을 거쳐 서울로 올라가서 10여일 머물렀다. 서울로 올라간 박계숙은 친분과 인연이 있는 관료를 찾아다니며 인사를 하였다. 그 뒤 북상하여 함흥과 경성鏡城을 거쳐 행영行營까지 가서 최종 점고를 받았고, 여기서 북병사로부터 회령 보을하진의 근무를 명받았다. 울산에서 출발하여 근무지인 회령의 보을하진에 도착하는 데 총 80여일 이상이 소요되었다. 서울에서 10여일 이상 머물렀기 때문에 실제 이동에 걸린 기간은 70여일이었다. 부방을 끝내고 집으로 돌아올 때는 동해안을 따라 남으로 내려오는 길을 택하였는데, 40일이 채 걸리지 않았다. 고향으로 돌아간다는 기대에 강행군하였기 때문이었다.

두 사람의 부방 일정을 각각 구분하여 정리하여 제시하면 다음과 같다.

---

1) 이석로의 원래 이름은 이확이었으나 뒤에 이석로로 개명하였다. 일기에도 개명하였다는 사실이 기록되어 있고, 처음에는 이확으로 나오나 1645년 1월 24일 일기부터는 이석로로 적혀있다. 장두민의 원래 이름은 장준민이었으나 장두민으로 개명하였다. 일기에도 개명하였다는 사실이 기록되어 있다. 역시 처음 부분에는 장준민으로 나오다가 1645년 1월 26일 일기부터는 장두민으로 나온다. 여기서는 혼란을 피하고자 처음부터 개명한 이름을 쓰도록 하겠다.

2) 『일기①』 1605.10.21.

〈박계숙의 경우〉

① 1605년(선조 38) 10월 17일 ~ 1606년(선조 39) 1월 12일 ; 북행 일정
② 1606년(선조 39) 1월 12일 ~ 1606년(선조 39) 11월 24일 ; 회령 보을
   하진 복무
③ 1606년(선조 39) 11월 24일 ~ 1607년(선조 40) 1월 1일 ; 귀향 일정

〈박취문의 경우〉

① 1644년(인조 22) 12월 10일 ~ 1645년(인조 23) 2월 20일 ; 북행 일정
② 1645년(인조 23) 2월 20일 ~ 1645년(인조 23) 윤6월 29일 ; 회령 복무
③ 1645년(인조 23) 7월 1일 ~ 1646년(인조 24) 1월 25일 ; 병영 및 행
   영 복무
④ 1646년(인조 24) 1월 25일 ~ 1646년(인조 24) 4월 4일 ; 귀향 일정

박계숙과 박취문의 북행 노정과 귀향 노정을 지도에 개략적으로 나타내면
다음 <그림 1>과 같다.

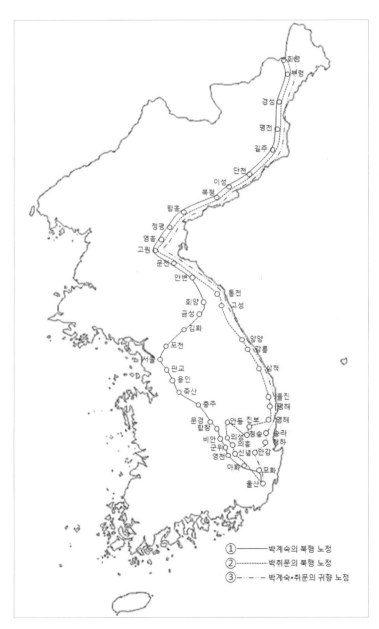

〈그림 1〉 박계숙과 박취문의 북행·귀향 노정

2장 숙식의 해결과 말먹이 조달

부방을 떠날 때 군관은 대개 말을 타고 사내종을 거느리고 갔었다. 군관 1명당 사내종 1명과 타는 말 1필, 짐 싣는 말 1필은 최소한의 기본이었다. 박취문은 6명 이상의 사내종과 여러 마리의 말을 거느리고 출발하였다가 점차 집으로 돌려보냈고, 사내종 한두 명은 끝까지 동행하면서 시중을 들게 하였다.[3] 아버지 박계숙이 갈 때도 사내종 여러 명과 타는 말 한 필, 짐 싣는 말 1필 이상이 따라갔으며, 중도에 사내종들은 집으로 돌려보내다가 종착지에 도착해서는 한두명만 남기고 모두 돌려보냈다.[4] 군관 여러 명이 함께 이동할 때 그 전체 규모를 짐작할 수 있다.

집을 떠나 먼 길을 갈 때 가장 큰 어려움은 숙박할 장소를 찾고, 식사와 말먹이를 해결하는 것이었다. 이동하는 동안 군관이 묵을 숙소는 따로 국가에서 해결해주지는 않았기에 각자 형편대로 찾아서 해결해야 하였다. 군관이 출발 지역 병마절도사에게 점고한 후부터는 군관이 통과하는 지역의 군현이나 역참에서 정해진 초료草料 즉 식량과 말먹이는 제공받을 수 있었다.[5] 『경국대전』에 의하면 군관에게는 본인 외에 종인從人 1인, 말 한 필에 한정해서 음식물과 말먹이가 지급되었다.[6] 그런데 통상적으로 지급 규정

---

3) 1644년(인조 22) 12월 10일 울산에서 출발한 박취문은 13일 아화역에서 동생 취순과 노복 한 명을 돌려보낸 이래(『일기②』 1644.12.13.) 19일에는 청송에서, 23일에는 평해에서, 28일에는 삼척에서 각각 노복 한 명씩을 집으로 돌려보냈다.(『일기②』 1644.12.19./12.23./12.28.) 이러한 면은 동행한 다른 출신군관들도 비슷하여 이석로와 박이명도 노복을 함흥 근처에서 돌려보낸 사실에서 확인할 수 있다.(『일기②』 1645.1.26.)

4) 『일기①』 1606.1.30.

5) 『일기①』 1605.11.1./12.5. 박취문의 경우에도 의성에서 점고한 직후부터 초료를 지급받았다.(『일기②』 1644.12.16.)

된 인원보다 더 많은 사람이 함께 가기 마련이었기 때문에 군관 개인의 경제적 부담은 그만큼 더 커질 수밖에 없었다.

일기에 나오는 몇 가지 사례를 들어 이동시의 모습을 살피면 다음과 같다.

> 1644년 12월 29일 ; 화비을치火飛乙峙를 넘어 20리를 가서 강릉의 시동촌에서 아침밥을 먹었다. 그 마을에 사는 양반인 생원 심지하의 집에 들어가 술을 얻어 마셨다. 또 그 아들 심집을 만났다. 15리를 가서 강릉부 동문 밖 관노 말선의 집에서 숙박하였는데, 대접이 은근하였다. 중간 등급의 무명 1필로 좋은 쌀 4두와 콩 5두와 바꾸었다. 주인이 술대접해주었다.
>
> 1645년 1월 5일 ; 새벽에 흰죽을 끓여 따뜻한 좋은 술과 함께 상하 모두에게 대접해 주었다. 출발하여 15여리를 가서 또 꿩 5마리를 잡았다. 짐 실은 말은 먼저 가버려서 그 숙박처를 알지 못했다. 박이돈과 박이명, 이득영, 이석로 4명과 함께 40리를 가서 동산역 아래에 도착하였다. 어부 집에서 생대구탕과 구이와 함께 기름진 밥을 먹었다. 또 술안줏거리로 콩을 많이 삶아서 주니 지극히 다행스러웠다. 식후에 복마를 좇아 40리를 가서 상운역에 도착하여 숙박하였다. 주인 이름이 홍선립인데, 대접하기를 마치 전부터 알던 친지처럼 해주었다. 말먹이로 조租 1두, 콩 1두, 좁쌀 5승을 주었다. 상하가 모두 잘 먹었는데, 술과 안주 역시 매우 훌륭해서 감사하고 또 행운이었다. 일반 무명 1필을 주고 질 좋은 흰쌀 5두 반으로 교환하였다.

먼 지역에 조금이라도 아는 사람의 집이 있다면 한결 발걸음이 가벼웠을 것이다. 청송을 지날 때 방문한 집이 그러하였다.

> 1644년 12월 19일 ; 일찍 출발하여 35리를 가서 청송부 내에서 아침을 먹었다. 주인은 관비 향환이었는데 서매庶妹의 사촌이라면서 극

---

6) 『경국대전』 4, 兵典, 驛馬 草料.

진하게 대접해 주었다. 사내종 수남을 울산으로 돌려보냈다. 30리를 가서 진보현에서 숙박하였다.

우연히 마주친 것이 아니라 울산을 떠나올 때부터 서매의 사촌이 청송에 살고 있다는 사실을 알고 방문하였을 것이다.

군관들이 이동하는 동안 숙박 장소로 주로 이용하였던 곳은 관아의 객사客舍와 역사驛舍와 같은 공공시설이거나 사가私家와 주막 등 일반 개인 집이었다. 아버지 박계숙의 경우를 통해 좀 더 자세하게 살펴보면, 그가 영천에서 정식 점고한 후 출발한 1605년(선조 38) 10월 21일부터 함경도 행영에 도착한 이듬해 1월 8일까지 숙박한 날짜는 총 75일이었다. 그중 객사에서 숙박한 것이 11일, 역사가 15일, 원院이 2일 등으로 공공시설을 이용한 경우가 총 28일로 전체 일정의 37%를 차지하였다. 이에 비해 사가는 37일, 주막이 2일 등으로 일반 개인 집을 이용한 경우가 전체의 52%를 차지하였다. 나머지 8일(11%)은 미상이다.[7] 이로써 볼 때 군관이 부방의 행로에서 적어도 반 정도는 사가를 숙박 장소로 이용하였음을 알 수 있다. 박취문은 사가를 이용한 경우가 훨씬 많았는데, 이는 40년이라는 시기 차이로 인한 때문인지 아니면 개인의 취향 문제였는지 분명하게 알 수는 없다.

가끔 조그만 인연이라도 찾을 수 있는 수령을 만나면 기대하지 않았던 후대를 받기도 하였다. 강원도 흡곡현을 지날 때가 그러하였다. 흡곡현의 수령은 함경도 종성부사의 동생이었기 때문에 자신의 형이 근무하는 지역 근처로 부방을 가는 군관들이 남다르게 다가왔을 것이고, 이참에 형에게 보내는 편지도 부탁할 기회였기 때문이었다.

1645년 1월 12일 ; 새벽에 출발할 때 또 따뜻한 술을 상하 모두에게 대접해 주었다. 30리를 가서 흡곡현에서 아침을 먹었다. 들어가서

---

7) 우인수, 「『부북일기』를 통해 본 17세기 출신군관의 부방생활」, 『한국사연구』 96, 1997, 44쪽.

수령을 뵈었는데 수령의 이름은 류경소였다. 바로 종성부사 류경집의 동생이다. 대접이 은근하였다. 우리 네 사람[박취문·박이돈·장두민·이석로]에게 쌀 8말, 콩 8말, 좁쌀 8말, 은어 40동음冬音[여기서 은어는 도을목어道乙木魚를 염장한 것이다],8) 그 외 여러 해물을 많이 주었다. 그리고 종성부사에게 보내는 편지를 부탁했다. 30리를 가서 안변 경계의 학개촌에서 숙박하였다.

약간의 연결 고리가 있어도 그러할진대 실제로 깊은 인연이 있는 수령을 만나면 더할 나위없는 융숭한 대접과 편의를 제공받을 수 있었다. 함경도 안변 고을이 그런 예였다. 이에 대해서는 제 5장에서 자세하게 살피도록 하겠다.

부방길의 군관은 대개 노복과 말을 거느렸기 때문에 터무니없는 고생을 하지는 않았다. 그리고 숙박하는 곳의 주인들은 대부분은 친절하게 후대하여 주었다. 무료로 숙박하는 것도 아니었기 때문에 그들로서는 생계에 보탬이 되는 하나의 수단이기도 하였기 때문이다.

하지만 지나가는 군관의 보급을 담당해야 하는 각 군현의 처지에서는 그 부담이 너무 컸기 때문에 종종 마찰이 빚어졌다. 부담이 되는 것은 어느 정도 사실이어서 후대의 학자인 유형원은 개혁안을 담은 유명한 그의 저서 『반계수록』에서 군관에 대한 초료의 지급은 시정되어야 한다는 견해를 피력하기도 하였다.9) 그러나 한편으로 생각하면 군관도 나라를 지키는

---

8) 한 동음은 한 줄에 10마리씩 2줄 즉 20마리를 가리킨다. 따라서 40동은 800마리에 해당한다. 도루묵을 가리키는 듯한데, 도루묵은 농어목 도루묵과의 바닷물고기이다. 도루묵이라는 이름의 유래로 정조 때 이의봉이 편찬한 『고금석림』에 의하면 "고려의 왕이 동천東遷하였을 때 목어를 드신 뒤 맛이 있다고 하여 은어로 고쳐 부르라고 하였다. 환도 후 그 맛이 그리워 다시 먹었을 때 맛이 없어 다시 목어로 바꾸라 하여, 도루묵[還木]이 되었다."고 한다. 조선조의 인조가 이괄의 난으로 공주에 피신하는 과정에 있었던 일이라고 하는 설도 있다.

9) 『반계수록』 23, 兵制後錄. 유형원은 초료의 지급과 접대가 각 역에 큰 부담이므로 환관과 군관에 대한 초료의 지급은 시정되어야 한다는 견해를 피력하였다.

일로 먼 길을 가는데 양식조차 지급해주지 않는다면 사기가 크게 꺾일 것도 분명한 사실일 것이다.

고을에 따라서는 정해진 식량을 제대로 지급하지 않으려는 곳도 있어서 곤란을 겪기도 하였다.[10] 그럴 때 군관은 실무를 담당하는 향리를 불러 윽박지르거나 타이르기도 하면서 식량 문제를 해결하여야 하였다. 말을 빌리는 문제를 둘러싼 갈등도 심심찮게 제기된 문젯거리였다.[11] 먼저 박계숙의 일기에서 몇몇 사례를 들면 다음과 같다.

> 1605년 11월 21일 ; 1식정을 가서 창도역에 도착하였다. 음식을 대접할 뜻이 없기에 역장을 불러 의리를 개진하는 한편 위엄으로써 겁박했으나 끝까지 마음을 풀지 않았다. 양식이 다 떨어져서 사람과 말 모두 굶주렸으나 가히 어찌할 수가 없었다. 반복해서 생각해 보았으나 뾰족한 수를 찾을 수 없었다. 다시 역장을 불러 좋은 말로 달래어 다행히 한때의 먹을거리를 얻었다.
>
> 1605년 11월 28일 ; 어제 눈과 밤을 무릅쓰고 와서 피곤할 뿐아니라 쇄마刷馬도 지체되어 이날도 머물렀다. 수령 이득개가 병을 칭하고 나오지 않고 또 공궤供饋할 뜻이 없으므로 양식이 다 떨어져 뱃속이 찢어질 듯한 굶주림을 감당할 수 없었다. 결국 이 뜻을 편지에 써서 수령에게 보내어 겨우 대청에 올라 밥 한 끼를 얻어먹을 수 있었다. 종과 말은 모두 먹지 못하니 분함이 어찌 극에 달하지 않으리오? 수령에게 크게 욕을 했다.
>
> 1605년 12월 23일 ; 50리를 가서 경성 땅의 주촌역에 도착하였다. 역인驛人들이 사나워서 불그스름하게 변한 좁쌀에 지푸라기와 돌도 가려내지 않고 밥을 지어 주었는데, 밥상에는 김치도 없었다. 나그네의 어려움을 입으로 다 말할 수 없다. 낮에 귀문관鬼門關을 지나는데 그 땅의 형세가 그림자 진 것이 음침하였다.

---

10) 『일기①』 1605.11.28 ; 『일기②』 1646.3.5/3.6.
11) 『일기①』 1605.10.24/10.28/11.3/11.26.

추운 겨울에 집을 떠나서 이런 대접을 받으며 변경을 수비하러 가면 참으로 참담하고 고통스러웠을 것 같다. 푸대접 속에 제대로 된 음식으로 주린 배를 채우지도 못한 채 길을 떠나니 보이는 땅의 형세마저 더욱 음침하게 느껴졌을 것이다. 40년 뒤의 아들 박취문도 비슷한 경험을 하였다. 그의 일기에 나오는 몇 대목을 들면 다음과 같다.

> 1646년 2월 30일 ; 아침을 먹고 비를 무릅쓰고 출발하여 북청北靑 남문 밖에서 말먹이를 주었다. 남병사는 춘순春巡을 나가서 아직 돌아오지 않았으며, 판관은 관찰사를 문병하기 위해 감영에 가서 돌아오지 않아 모두 만나지 못하였다. 요미料米를 주지 않아 해당 색리를 불러서 개유하여 받아 왔다.
> 1646년 3월 18일 ; 올 때 묵었던 청간역 아래 박언부의 집에서 아침밥을 먹었는데, 후하게 대접해 주었다. … 지나가는 길에 낙산사에 올라 잠시 머물다가 양양 동문 밖에서 숙박하였다. 도사의 체지帖紙 운운하며 초료를 주지 않으므로 색리를 불러 타이르니 즉시 수량에 맞추어 지급해 주었다.

심지어는 앞서 지나가는 군관이 뒤에 오는 군관의 몫까지 미리 받아 가버리는 얌체같은 사람도 있어서 영문도 모른 채 곤란을 겪는 일도 더러 있었다.[12]

> 1644년 12월 20일 ; 25리를 가서 영해의 경계 지점에 있는 광제원에서 아침밥을 먹었다. 10리를 가서 높은 고개 아래의 협저촌에서 말먹이를 주었다. 초료草料를 받기 위해 사내종을 보냈는데, 진보현의 수령이 말하길 "앞서 지나간 경상우도 출신들이 아울러 모두 받아 가버렸다."라고 하며 끝내 지급해주지 않았다. 그래서 박선달과 이선달이 진보현 수령에게 따지기 위해 현에 들어가서 뒤처졌다.

---

12) 『일기②』 1645.1.17/1.20.

3장 영해 병곡역에서의 봉변

의성에서 점고를 마친 박취문 일행은 동해안 해안선 고을을 따라 북상하기로 계획을 세웠다. 청송을 지나 동해안으로 나와서 만나는 큰 고을은 영해였다. 1644년 12월 21일 영해의 병곡역에 도착하여 하룻밤 묵어가게 되었다. 군관 일행은 앞서거니 뒤서거니 하면서 병곡역으로 모여들었고, 몇 집에 분산 투숙하게 되었다.

약간 뒤처져서 저녁 무렵에 도착한 박이명과 이석로가 박이돈이 묵고 있는 집으로 와서 자신들의 계획을 이야기하며 동참할 것을 권유하였다. 그들은 이곳 병곡역 역장이 마초馬草를 주지 않고 접대의 뜻도 없음에 분개하면서 처음에 역로를 반드시 크게 다스려 놓아야 앞으로 지나갈 각 역에서도 차차 소문을 듣고 접대를 잘 할 것이라고 하였다. 그러면서 각자의 사내종을 보내어 역장을 끌고 와서는 거꾸로 매달아 본때를 보이고자 하였다. 박취문과 박이돈은 이를 말리면서 저지시키고자 하였으나 어의치 않았다. 사내종에게 끌려온 역장은 마침내 거꾸로 매달리게 되었다.[13]

당시 하나의 역을 지키는 책임을 맡은 역장은 역리의 우두머리였다. 역리는 공적인 일에 종사하고 있지만 하는 일이 천하게 취급되던 존재로서 신분적으로도 평민과 크게 다를 바 없었고, 그 아래에는 역졸과 같은 천인들이 소속되어 있었다.

역장쯤 되면 어느 정도 나이도 있었을 것인데, 젊은 양반들이 함부로 하는 것은 지나친 점이 있었다. 더구나 두드러진 잘못이 밝혀진 것도 아니었기 때문에 더욱 그러하였다. 그렇기에 박취문과 박이돈은 애초부터 말렸던 것이다.

---

13) 『일기②』 1644.12.21.

역장이 끌려갔다는 소식을 접한 역장의 집안사람 수십명이 술에 취한 채 큰 소리를 지르며 돌진해와 매달아 놓은 새끼줄을 끊고 역장을 구출하였다. 이어 양측 간에 큰 싸움이 벌어지게 되었다. 왁자지껄한 소리에 술 취한 또 다른 수십명이 추가로 모여들어 상대는 거의 백여명에 달하게 되었다. 이쯤이면 수적으로 압도적인 열세였다. 날은 이미 캄캄하게 어두워졌는데 역인 무리들이 혹은 돌멩이를 들고 혹은 몽둥이를 가지고 일을 주도한 박이명과 이석로 두 사람을 반드시 잡아가고자 하였다. 난동이 이어지자 박취문과 박이돈도 나서지 않을 수가 없게 되었다.

이웃에서 숙박하던 언양 출신의 세 명의 군관도 소식을 듣고 구원하기 위해 도착하였지만, 역인의 포위망을 뚫고 들어올 수가 없었다. 군관 장두민은 울타리 밖을 빙 돌아오려다가 깊은 우물 속에 빠져 옷이 다 젖어 버렸다. 오직 군관 이득영의 사내종이 들어와 싸우다가 역인에게 머리를 맞고 크게 다쳐 유혈이 낭자하여 끝내 죽을 것 같이 보였다. 역인 무리가 흔적을 없애기 위한 계책으로 사내종을 끌고 나가는데 그 가는 방향을 알지 못하였다.

이어 역인 무리가 외치기를 "두 선달을 내어주면 우리 또한 그들을 거꾸로 매단 연후에 그만두겠다."라고 큰소리치며 집안으로 돌입하였다. 창문을 부숴지고 방벽을 부숴지는 와중에 군관 일행은 주인집 안방으로 들어가서 화를 피하였으나, 잠시 후 또 싸움이 벌어져서 마침내 박이명이 머리채를 붙잡혀 끌려나가게 되었다. 박이돈이 이를 구하려다가 그 역시 머리채를 잡혀 끌려 나가면서 망건도 벗겨지게 되었다. 이석로도 박이명을 구하고자 뜰로 나갔다가 역인에게 난타당하다가 겨우 도피했다. 박이명은 두 손을 뒤로 묶인 채 꿇어앉혀져서 이루 말할 수 없는 욕을 당하였다.

그 와중에 역인 중에 다행히 정신이 맑은 사람이 있었는지, 누군가가 "이집과 저집에서 숙박하는 두 사람은 애당초 이 일을 금지하려 한 자들이기에 이들은 욕되게 하지 마라."라고 하였다. 이른바 이집과 저집에 숙박한 두 사람은 바로 박취문과 박이돈이었다. 이로써 박취문과 박이돈은 더이상의 욕은 면할 수 있었다. 불행 중 다행이었다고 박취문은 일기에 적고있다.

그 사이 박이돈이 영해부에 급박한 상황을 신고하였기에 형방刑房 김유성이 와서 흥분한 역인들을 좋은 말로 타이르거나 혹은 때려서 내쫓았다. 사태가 진정 국면에 접어들자 형방은 날이 밝기 전에 읍내로 돌아갔다. 날이 샐 무렵이 되자 다시 역인들이 몰려와서 박이명과 이석로가 머무는 집을 둘러쌌다. "너희들을 거꾸로 매달고자 하였으나 형방이 금지하니 시행하지 않겠다. 대신에 너희 종을 거꾸로 매달아서 곤장을 때린 연후에 너희를 보내주겠노라."라고 하였다. 끝내 포위를 풀지 않은 채 박이명의 종 시남과 이석로의 종 경립을 붙잡아 곤장 10대씩을 친 후에 말하길 "처음엔 크게 때리고자 하였으나 너희가 출신군관으로서 부방하러 가는 것을 만분 참작한 것이니 다음부터는 이같이 하지 마라."라고 하였다.

박취문은 일기에 "죽고 싶어도 죽을 곳이 없고, 말로 이루 다 할 수 없으니, 백골이 되더라도 어찌 잊으리오?"라고 그날의 심경을 밝혀놓았다. 곤욕을 뒤로 한 채 길을 떠나 5리나 10리를 갔을 때, 전날 피신해서 도망쳤던 박이명과 이석로의 나머지 사내종이 하나둘 숲이나 산자락에서 나타나 돌아왔다. 가소로웠다. 나중에 박취문 일행은 병곡역 사건을 경상도 좌병사에게 알려서 엄중히 조치해 달라고 요청하였다.[14]

강원도 삼척의 교개역에 도착하여 역리 집에서 아침밥을 먹게 되었는데, 술을 가지고 와서 대접해주는 역리들이 있어서 이때 병곡역에서의 봉변에 관해 이야기하게 되었다. 상세히 상황을 들은 역리들은 다음과 같이 말하면서 충고하였다. "성질이 억센 무리가 술기운을 빌어 호령함이 그와 같고 욕을 보는 그 상황에서 선달 두 분은 거기에 참여하지 않았다고 하니 우리가 감사할 따름입니다. 무릇 길을 갈 때는 반드시 순순한 것이 상책입

---

14) 『일기②』 1644.12.23.

니다."라고 하였다. 박취문은 '들으니 부끄러웠다'라는 솔직한 감정을 일기
에 적어놓았다.[15]

　그리고 1년간의 부방을 마치고 돌아올 때 병곡역에 잠시 다시 들렀다.
그때의 일은 서로 입 밖에 내지 않았으며, 역인의 접대는 깍듯하였다.[16]

---

15) 『일기②』 1644.12.26.
16) 『일기②』 1646.3.30.

4장 길에서 만나 맺은 인연들

박취문은 부방 길에 동침하였던 여인들의 이름과 인적 사항을 상세히 일기에 기록해 두었다. 박계숙이 기생을 녹의綠衣나 홍안紅顔 등으로 은근히 표현하면서 동침한 사실도 두 차례 정도 밝혀놓은 것과[17) 비교하면 아들인 박취문은 대단히 솔직하고 직설적으로 밝혀놓은 셈이었다.

자신의 일기가 후손들에 의해 읽힐 것이라는 점을 고려할 때 남녀 사이의 내밀한 문제는 되도록 숨기려는 것이 일반적이다. 하지만 박취문은 그렇지 않아서 그 같은 행위를 자연스러운 일상으로 간주하였던 듯하다. 그의 행위가 한 개인의 특수한 행태가 아니었다는 점은 일기의 곳곳에 기록된 동행 군관들의 경우를 통해서도 알 수 있다. 박취문은 동행한 친구의 동침녀까지 자세하게 가끔 밝혀두었기 때문이다.

자칭 '인색대장군忍色大將軍'이라고 하면서 여색을 절제한다고 큰소리치던 박이명이 얼마 못 가서 '주탕 도선에게 훼절하였다'라고 써 놓은 대목은 그 한 예이다. 일반적으로 사내들 사이에서 행해지던 관행을 개인의 절제로 거스르기는 쉽지 않았던 당시 상황을 전해주고 있다.[18) 아버지 박계숙도 여색을 절제하기 위한 다짐을 단단히 하였던 듯하다. 함경도 홍원현에 도착하였을 때 일행 군관이 모두 기생과 함께 회포를 푸는데, 자신은 아름답기가 월나라 미인 서시를 능가하는 은씨라는 기생과 짝이 되었지만 초심을 돌과 같이 지켜 끝내 가까이하지 않았다고 자랑스럽게 써놓고 있다.[19) 하지만 그도 얼마 못 가서 초심을 지키지 못하게 되었다.

---

17) 『일기①』 1605.12.27/1606.7.12.
18) 『일기②』 1644.12.26.
19) 『일기①』 1605.12.8.

박취문 일행이 부방 길에 나서서 복무지인 회령에 도착하기까지 동침한 여인을 일기에 근거하여 제시하면 다음 <표 1>과 같다.

〈표 1〉 박취문 일행의 동침녀 상황

연월일	동침녀	비고
1644년 12월 11일	박취문(계집종 통진)	친족인 좌수댁의 계집종
12월 15일	박취문(계집종 분이)	숙박한 주인집의 계집종
12월 16일	박취문(주탕 춘일) 박이돈(주탕 매화)	
12월 17일	이석로(주탕 옥춘)	
12월 22일	박취문(주탕 향환) 박이돈(주탕 귀익)	
12월 26일	박취문(주탕 예현) 박이명(주탕 도선)	숙박한 주인집의 딸
12월 30일	박취문(기생 연향)	
1645년 1월 1일	박이돈(기생 가지개)	
1월 2일	박취문(기생 건리개) 이득영(기생 대향) 이석로(기생 막개)	
1월 23일	장두민(계집종 옥환)	
1월 24일	이석로(기생 귀비)	
1월 26일	박취문(주탕 조생)	
2월 5일	박취문(기생 예제) 박이돈(계집종 회덕)	숙박한 주인집(官奴)의 딸 숙박한 주인집의 계집종
2월 6일	박취문(기생 옥매향) 박이돈(주탕 태향) 이석로(미상) 이득영(미상)	
2월 11일	박취문(기생 옥순)	
2월 13일	박취문(계집종 율덕)	숙박한 주인집의 계집종
2월 14일	박취문(계집종 향춘) 이석로(옥선) 박이명(화선) 이득영(기생 향개)	숙박한 주인집(사내종)의 딸
2월 19일	이석로(기생 회덕)	

위 표에 정리된 것은 일기에 기재된 것에 국한된 것이다. 미처 기재하지 못한 것도 있을 것이기에 실제 수는 훨씬 늘어날 것이다. 부방 길에 동침한 여성은 대개 그 지역의 기생이거나 숙박한 집의 계집종이었다. 그리고 술과 몸을 팔던 주탕酒湯이라 불린 관비官婢도 있었다.

아버지 박계숙은 일기에 기록된 횟수는 아들 박취문에 비해 훨씬 적지만 격조나 운치는 비교할 바가 아니었다. 박계숙이 함경도 경성에서 기생과 만났을 때의 상황을 일기의 내용을 토대로 하여 기생의 시각에서 재구성해보는 것도 의미가 있을 듯하다. 대략 다음과 같은 만남의 광경이었다.

경성鏡城의 기생 애춘·금춘과 부방을 위해 그곳에 도착한 군관 박계숙 일행의 만남은 경유지에서의 일회적인 만남이었다. 애춘은 20세로 평소 가사歌辭에 능하고 문자도 알고 있었다. 그녀의 동료인 금춘은 16세로 가사와 바둑, 거문고, 가야금 등에 두루 능하였을 뿐 아니라 서시와 왕소군에 비유될 정도의 미색을 띤 기생이었다.

하루는 애춘이 한 무리의 군관들이 모여 있는 성내 거리를 지나가는데, 군관 한 명이 오랫동안 눈여겨보다가 말을 붙이기를 "우리는 영남의 풍류객으로 명성이 조정에 가득 찼는데, 일당백장사一當百將士로 선발되어 북쪽 변방을 지키러 왔다. 서울의 화려한 보물을 가져오지 않은 것이 없으니 바라건대 교환하지 않겠는가"라고 하였다. 애춘은 그 속뜻을 알고 빙그레 웃으면서 "변방의 사람은 보물로 삼을 것이 없으니 남쪽 사람이 보물로 삼는 것을 가지고 같이 놀기를 청하노라"라고 응대하였다. 그러고는 박계숙이 머무는 주인집으로 가서 여러 군관과 함께 담소하며 놀다가 저녁 무렵에 돌아갔다.[20]

다음 날 아침 애춘은 친구인 금춘을 대동하고 박계숙을 방문하여 온종일 이야기를 나누고 놀다가 저녁 무렵에야 돌아갔다. 그러고는 그녀들을 비루하게 보지 않고 인간적으로 따뜻하게 대해 준 박계숙에게 끌려 밤에

---

20) 『일기①』 1605.12.25.

다시 그를 찾았으나, 마침 다른 군관과 함께 모여 있었기에 기회를 얻지
못하고 그냥 돌아갔다.[21]

다음날 애춘과 금춘은 다시 박계숙을 방문하여 종일토록 함께 이야기를
나누었다. 저녁 무렵이 되자 박계숙도 오랫동안 집을 떠나있던 터라 처음
먹었던 굳은 마음이 풀리기 시작하였다. 그리하여 시조를 지어 자신의 애
절한 마음을 금춘에게 전하니, 그녀도 또한 화답하여 시조 두 수씩을 다음
과 같이 서로 주고받게 되었다.[22]

> 비록 장부丈夫일지라도 간장肝腸이 철석鐵石이랴
> 당전堂前 홍분紅粉을 고계古戒로 삼았더니
> 치성治城의 호치단순皓齒丹脣을 못잊을까 하노라

> 당우唐虞도 친히본듯 한당송漢唐宋도 지내신듯
> 통고금通古今 달사리達事理 명철인明哲人을 어디두고
> 동서東西도 미분未分한 정부征夫를 걸어무엇하리

> 나도 이러하나 낙양성동洛陽城東 호접蝴蝶이로라
> 광풍狂風에 지불려 여기저기 다니더니
> 새외塞外에 명화일지名花一枝에 앉아보려 하노라

> 아녀兒女 희중사戲中辭를 대장부大丈夫 신청信聽마오
> 문무文武 일체一體를 나도 잠깐 아노이다
> 하물며 규규무부赳赳武夫를 아니걸고 어쩌리

금춘이 부른 이 시조는 자신의 독창적 작품은 아니었다. 이미 비슷한 내
용의 가사를 성종대 영흥 기생 소춘풍이 부른 바 있었고, 소춘풍이 부른

---

21) 『일기①』 1605.12.27.
22) 『일기①』 1605.12.27.

것도 역시 자신의 창작물이 아니라 그 전부터 전해지고 있던 가사를 분위기에 맞게 약간 고쳐 부른 것으로 짐작된다.[23] 따라서 이 비슷한 가사는 당시 기생들 사이에 널리 회자하던 것이었다고 생각한다.

어쨌든 두 사람은 비록 뛰어나거나 독창적인 작품은 아니었지만, 서로의 정을 확인하는 수단으로 시조를 주고받았다. 이날 밤 금춘은 박계숙과 동침하였고, 애춘은 애초 색을 절제하려 했던 또 다른 군관과 동침하였다.[24] 그로부터 일 년 뒤 금춘은 부방 생활을 마치고 돌아가는 길에 다시 들린 박계숙을 스스로 방문하여 전별함으로써 비록 일회적인 만남에 그친 인연이었지만 깊은 인간적 정을 보여주었다.[25]

이렇게 기생은 다른 계층의 여성에 비해 남녀간의 만남과 교제가 더 자유로웠고, 애정 표현 또한 더 적극적으로 할 수 있었다. 일회적인 만남일 수도 있었고, 상당 기간 지속적인 만남이 이루어질 수도 있었다. 수동적으로 만남에 응하는 때도 있었지만, 능동적으로 교제를 시도하면서 자신의 감정을 적극적으로 표현하는 때도 있었다. 특히 마음에 드는 상대를 만났을 때는 적극적인 애정 표현을 먼저 하기도 하였다. 명천 기생 옥매향은 부방 길에 들린 박취문과 동침한 다음 날 술상을 차려 들고 다시 그를 방문하였으며, 떠난 뒤에도 그의 근무지인 회령으로 반찬 한 상자와 고운 수건을 정표로 편지와 함께 보내는 적극적인 애정 공세를 편 바 있었다.[26] 부령 기생 향춘도 자신의 집에 하룻밤 묵어간 박취문에게 근무지인 회령으로 편지와 함께 황·백대구 각 두 마리씩을 보내어 정을 표시하였고, 나중에는 주찬을 크게 차려 대접하기도 하였다.[27]

23) 『대동야승』 5, 「五山說林草藁」(차천로 撰) ; 『국역 대동야승』(민족문화추진회, 1971) 제 2책 56쪽.
24) 『일기①』 1605.12.27.
25) 『일기①』 1606.11.27.
26) 『일기②』 1645.2.6./2.8/2.22.
27) 『일기②』 1645.2.14./2.29/7.4.

5장 함경도 땅에 들어서다

1645년 1월 13일 드디어 강원도를 지나 함경도 땅에 들어섰다. 맹추위를 무릅쓰고 걸어서 해 질 녘에 안변도호부의 남문 밖에 겨우 도착하였다. 다음 날 성안으로 들어가 부사를 뵈었다. 당시 부사는 이후산이었는데 이 집안과 박취문은 일정한 인연이 있던 터였다. 이후산의 형인 이후천이 전에 울산부사를 지냈었는데, 그때 그의 어머니가 박취문의 집에 약 1년간 피접避接한 인연이 있었다고 한다. 마침 형과 어머니가 모두 안변 관아에 머물고 있었다.

아침에 들어가 성주城主 이후천李後天[28]과 안변부사 이후산李後山을 뵈니 놀라고 기뻐하며 맞이하고 이어 함께 술을 마셨다. 백미 10두, 콩 10두, 말죽(말먹이) 10두, 그 외 반찬들을 주었는데 모두 기록할 수가 없을 정도다. 성주의 어머니가[29] 우리 일행에게 따로 약과藥果 20립, 약포藥脯 2첩, 청수리靑水梨[30] 20개, 말린 꿩 2마리, 소금에 절인 연어 4마리, 소주 1병을 보내

---

28) 이후천이 1637년(인조 15)경에 울산부사로 재직한 바 있었기 때문에 박취문이 성주라고 표현하였다. 울산에 재직하고 있을 때 박취문 집안과 각별히 가깝게 지낸 듯하다. 이후천은 울산부사로 있을 시에 선정을 베풀었으나 사감을 가진 어사의 모함으로 파직되었다. 이 때는 동생인 이후산이 수령으로 있는 안변에 머물고 있었던 것이다. 1646년에 다시 종부시정으로 관직에 복귀하여 형조참의에 이르렀다. 따라서 박취문이 부방을 마치고 돌아갈 때 안변에 다시 들렀을 때는 이미 이후천은 서울에 올라가고 없었다.

29) 원문에는 '自內'로 표현하고 있어 내실 쪽을 가리키는데, 박취문이 부방을 마치고 돌아갈 때 다시 안변에 들른 기사에서는 '대부인'이라고 명확하게 표기하고 있어서 어머니로 확정하였다.

30) 『지봉유설』에 "우리나라에서는 거창의 감, 보은의 대추, 밀양의 밤, 충주의 수박, 회양의 잣, 안변의 배가 가장 이름이 있다."라고 하는 대목이 있는 것으로 미루어 안변의 배가 특산물로 유명하였음을 알 수 있다.(이수광, 『지봉유설』 권19, 食物部, 果)

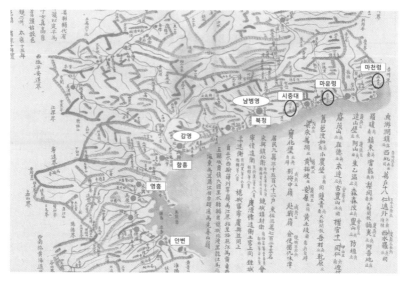

〈그림 2〉 함경도 남쪽 지역의 노정
고려대학교 도서관 소장 『地圖』 3, 함경도

주었다. 나아가 여자종을 보내 우리 집 부인네들의 안부를 물었다.

박취문이 이후천을 '성주'라 지칭한 것은 자신의 고향인 울산의 수령을 지냈기 때문이다. 이만하면 함경도에 들어와서의 출발이 대단히 순조롭다고 할 것이다. 1년 복무를 끝낸 후 돌아갈 때도 안변에서는 후대와 각종 편의를 제공받았다.

대부분 묵어가는 고을에서는 환대까지는 아니더라도 정해진 식량을 지급받았다. 그러나 모든 곳이 그렇게 다 순조롭지는 않았다. 영흥도호부를 지날 때는 앞서간 군관이 뒤에 오는 박취문 일행의 몫까지 다 받아 챙겨 가버렸다. 얼마 전 경상도 진보현을 지나올 때도 비슷한 일을 당한 적이 있었다. 영흥의 지급 담당자는 이미 내주었다고 하고, 박취문 일행은 받지 못하였다고 하여 실랑이가 벌어지기 일쑤였다. 앞서 받아간 군관을 따라잡아 항의하면 '양식을 얻을 길이 없어서 부득이 그랬노라'라며 미안해하였다. 집 떠나면 고생이란 말이 그냥 생긴 게 아니며, 꼭 저렇게 약삭빠르게 잔꾀를 부리는 사람은 어느 시대나 있었던 모양이다.

점차 지대가 높아지면서 길이 험해지기 시작하여 높은 고갯마루를 넘어가야 하였다. 더러 풍광이 뛰어난 곳을 지나가기도 하였다. 그런 곳을 지날 때는 흥이 나면서 잠시 피로감을 잊고 시 한수를 짓는 여유를 갖기도 하였다.

2월 1일 북청을 지나 한참 가서 문고개라 불리는 고개를 넘으니 시중대侍中臺였다.31) 대 아래에는 아주 넓은 바다가 펼쳐져 있었고 대 주변에는 쭉쭉 뻗은 장송이 있었다. 올라가는 길이 황홀한 것이 마치 봉래산에 들어가는 것과 같았다. 시 한 수가 절로 나왔다.

> 문노라 水重臺야 너 난지 몇천년인고
> 고금의 호걸이 몇몇이 지났더냐
> 이후에 묻는 이 있거든 내 왔더라 일러라

시중대는 경치가 매우 빼어난 곳이어서 사람들이 이곳을 지나면서 남긴 시가 수없이 많다. 아버지 박계숙도 이곳을 지나면서 시를 남기지는 않았으나 다음과 같이 감탄을 한 바 있다.

> 1605년 12월 12일 ; 문고개門古介를 넘었다. 길 옆에 수등대水登臺[시중대]는 명승지가 있다. 아래로는 동쪽 바다의 부상扶桑32)이 앞에 임해 있고, 위로는 푸른 하늘의 은하수에 닿아있으며, 좌우로는

---

31) 시중대는 고려조의 시중 윤관이 여진을 치려고 왕래할 때 머물던 곳이라는 데서 유래하였다. 박취문의 일기에는 수중대水重臺라 표기되어 있는데, 오른쪽 여백에는 작은 글씨로 '시중侍中'이라 첨기해 두었다. 아버지 박계숙의 일기에는 수등대水登臺로 표기되어 있다. 16세기 초 인물인 기준奇遵이 지은 작품 중에 '登蔓嶺侍中臺'라는 제목의 시가 있는 것으로 미루어 오래전부터 시중대라 불린 것은 확실한 듯하다. 아마 민간에서 입으로 전해지는 과정에서 비슷한 발음으로 와전된 듯하다. 한편 박취문은 이곳에서 지은 시에서도 '수중대'라 하고 있는데, 이는 시이기 때문에 고치지 않고 그냥 두었음을 밝혀둔다.

32) 중국 전설에서 동쪽 바다 속에 해가 뜨는 곳에 있다고 하는 나무이다.

기이한 바위와 푸른 소나무가 울창하게 우거져있는데 둥지를 찾는 한 무리의 학이 점점이 흰 눈과 같다. 수등대[시중대] 옆으로 난 오솔길은 마치 봉래산蓬萊山33)으로 들어가는 듯하다. 멀리서 온 사람이 얼마나 탄성을 쏟아내었는지 모른다.

아버지의 감상평은 아들보다 훨씬 자세하고 구체적이다. 아마 아들은 아버지의 감상평에 영향을 받은 듯하다. 다음날은 마운령을 넘었다. 고갯마루에 올라 남쪽 하늘을 바라보니 저절로 고향 생각에 눈물이 났다. 시한 수가 없을 수 없었다.34)

遠上磨雲嶺	멀리 마운령 위에 올라
極目騁南天	남쪽하늘 끝까지 바라보니
家鄕何處是	고향집은 어느 곳에 있는가
不禁淚漣漣	흐르는 눈물은 금할 수 없네

그날 밤에는 고향으로 돌아가는 꿈을 꾸었다.

40년전 아버지 박계숙은 마운령을 넘으면서 아들과 같은 감상에 젖을 수가 없었다. 동남쪽으로 바다에 맞닿아 있는 하늘을 보면서 감탄할 즈음에 시체를 싣고 오는 사람과 마주친 것이었다. 여진족과의 전투에서 칼에 맞아 죽은 안변 사람의 주검이었다. 이틀 뒤 마천령을 넘은 뒤에도 시체를 운구하는 사람과 또 마주쳤다. 이번에는 자신과 같은 일당백장사로 부방하던 충청도 공주 사람의 주검이었다. 남아의 삶과 죽음이 교차하는 최전방이 바로 코앞에 있음을 실감할 수 있었다.35)

박취문도 길을 재촉하여 더 높은 고개인 마천령을 넘어 2월 11일 드디

---

33) 중국 전설에서 나타나는 가상적 靈山인 三神山 가운데 하나로서 동쪽 바다의 가운데에 있으며, 신선이 살고 불로초와 불사약이 있다고 한다.
34) 『일기②』 1645.2.2.
35) 『일기①』 1605.12.16.

어 함경도 북도병마절도사영이 있는 경성에 도착하였다. 함경도는 북방의 최전선 지역이었다. 방어 범위도 넓으면서 남북으로 긴 형태를 띠고 있었기에 병마절도사영도 남북으로 나누어 두 개를 설치하였다. 남도병마절도사영은 북청에 두고 남도병마절도사가 주재하고 있었고, 북도병마절도사영은 경성에 두어 북도병마절도사가 총괄하고 있었다. 그리고 함경도관찰사가 머무는 감영은 함흥에 두어 전체 행정을 담당하였다.

따라서 경성은 함경도의 북쪽 지역의 방어를 담당하는 중심지 구실을 하는 곳이었다. 북병사의 휘하에는 참모장에 해당하는 병마우후가 있었고, 문신으로는 북평사가 따로 배치되어 문한의 업무를 담당하고 있었다. 또 경성도호부를 관할하는 수령으로 도호부사와 그를 보좌하는 판관이 별도로 배치되어 있었다. 이같이 경성에는 관직자도 다른 군현에 비해 많았고, 읍의 규모나 위세도 일반 군현보다는 훨씬 컸다.

박취문도 경성에 도착한 후 이틀 정도를 쉬었고, 아버지 박계숙은 6일 남짓 머물면서 휴식을 취하며 재충전의 시간을 가졌다. 앞 장에서 살핀 바 있는 박계숙이 애춘이나 금춘과 같은 기생을 만나 여유로운 시간을 보낸 것도 경성이었다.

박취문이 도착하였을 때는 겨울철이었기 때문에 북병사는 경성을 떠나 행영에 주재하고 있었다. 북병사를 뵙고 점고를 하기 위해서는 행영까지 가야 하였다. 박취문 일행은 걸음을 재촉하여 부령을 지나 회령에 도착하였다. 회령에는 먼저 도착하여 부방하고 있던 출신 군관들이 많이 있었다. 충청도 충주에서 올라온 박진익, 황해도 장연에서 온 박경간·박정로·김신·최윤필, 평안도 평양에서 온 석지암 등과 인사를 나누었다.[36] 하루를 묵고 행영으로 갔다. 그곳에서도 먼저 부방 온 출신 군관이 반갑게 맞이하였다. 한성에서 온 이준성·문익창, 충청도 니산에서 온 안덕함·백기성·이윤진 등과 인사를 나누었다.[37]

---

36) 『일기②』 1645.2.16.

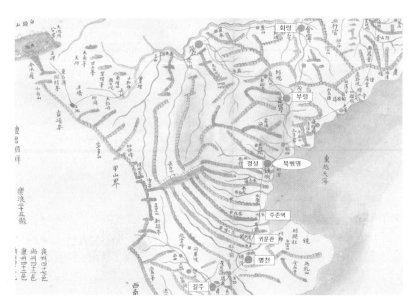

〈그림 3〉 함경도 북쪽 지역의 노정
고려대학교 도서관 소장 『地圖』 3, 함경도

다음날인 1645년 2월 18일 북병사에게 도착지 점고를 받았고, 근무할 지역을 배정받았다. 경상도 울산에서 함께 출발하고 또 의성에서 만나 함께 온 7명의 군관은 두 군데로 나뉘어 배치되었다. 박취문과 박이돈·김사룡은 회령, 박이명·이석로·장두민·이득영은 경성의 서북쪽 어유간보魚遊澗堡에 배정되었다. 7인이 남북으로 멀리 떨어지게 되어 서로 마음이 매우 편치 않았다. 20일에 행영을 출발하여 복무지인 회령에 도착하여 회령부사에게 인사를 드렸다. 울산 집을 떠나온 지 70일 남짓 걸린 셈이었다. 이제부터 출신군관으로서 의무 부방 생활이 시작되었다.

_____

37) 『일기②』 1645.2.17.

제2부

복무의 나날들

6장 회령도호부의 출신군관

박취문이 부방하게 된 함경도 회령은 두만강 남안에 위치한 도호부로서 북동쪽으로는 종성, 서쪽으로는 무산, 남쪽으로는 부령과 접해 있었다. 북병영이 있는 경성鏡城은 부령을 거쳐 남쪽으로 약 230리 떨어진 거리에 있었다. 동절기에 북병사가 두만강변으로 전진 배치될 때 머무는 행영은 북동쪽으로 45리 떨어져 있었다. 회령에서 두만강 하구에 이르기까지 종성, 온성, 경원, 경흥이 차례로 포진되어, 회령의 남쪽 부령과 함께 세종대에 6진을 구성하였다.

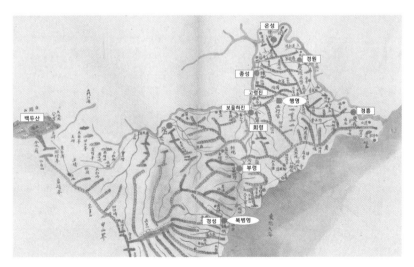

〈그림 4〉 함경도 북병영 관할 지역
고려대학교 도서관 소장 『地圖』 3, 함경도

회령에는 종 3품 도호부사가 읍성에 머물며 행정적인 책임을 맡고 있고,
예하에 종 5품의 판관이 배치되어 있었다. 그리고 회령 읍성에서 북쪽으로
40리 떨어진 곳에 고령진高嶺鎭이 있어 종 3품 병마첨절제사가 배치되어
있었고, 읍성의 서남쪽으로는 60리 떨어진 곳에 보을하진甫乙下鎭이 있어
역시 종 3품 병마첨절제사가 배치되어 있었다. 그리고 남쪽으로 55리 떨어
진 곳에 풍산보豊山堡가 있어 종 4품 병마만호가 책임지고 있었다.38)

박계숙과 박취문이 근무한 회령 주변의 진관 배치 상황을 지도로 나타
내면 다음 <그림 5>와 같다.

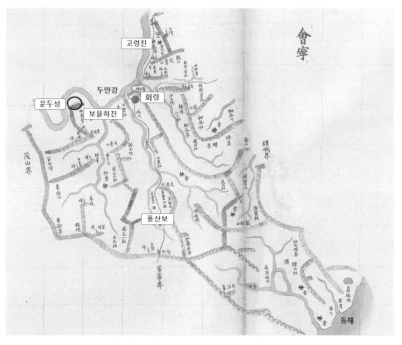

〈그림 5〉 회령 주변의 진보 배치 상황
고려대학교 도서관 소장 『地圖』 3, 함경도 회령

---

38) 『여지도서』 함경도, 회령, 鎭堡.

군관은 군진의 수령이나 장군 휘하에 소속되어 업무를 보좌하던 초급 간부였다. 『경국대전』 군관조軍官條에 의하면 무과 급제자나 별시위·갑사 중에서 선발하되, 임기는 1년이라고 규정해 놓고 있다.

> 무과 급제자 및 하번 중인 별시위別侍衛·갑사甲士를 진장鎭將이 각기 추천하고, 병조에서 이를 조사 확인하여 왕에게 아뢰어 임명하되, 일 년 이 지나면 갈린다. 양계는 비록 당번 중인 자라도 임명한다. 양계 절도 사의 경우에는 내금위內禁衛라도 임명하되, 그 수에 대하여는 그때마다 왕지王旨를 받는다.[39]

군관의 정원에 관해서도 규정해 놓았는데, 주진의 경우에는 5원을 두되, 영안도와 평안도에는 각각 5원을 더 두는 것으로 되어있다. 그리고 거진의 경우에는 3원이 정원인데, 부령·경원·회령·종성·온성·경흥 등지에는 2원 을 더 두되, 판관이 있는 곳에는 또 2인을 더 둔다고 하였다. 주진인 경성 의 경우는 10명이 정원이고, 거진인 회령의 경우는 판관까지 있으므로 7명 이 정원이 되겠다.

그러나 실제 군관 수는 법전의 규정보다는 훨씬 많았다. 박계숙이 근무 한 회령의 보을하진의 경우 법전의 규정에 따르면 군관의 정원은 5명이다. 그런데 박계숙을 포함하여 그와 함께 영천에서부터 동행한 출신군관 9명 이 모두 보을하진에 배치되었을 뿐 아니라, 이곳에는 이들보다 먼저 와서 부방 중인 군관들이 적어도 7명은 더 있던 것으로 일기에서 확인된다.[40] 그 외 토착군관이 다수 있었음을 고려한다면 법전 규정보다 훨씬 많은 군 관이 액외로 배치되어 있었음을 알 수 있다. 그만큼 녹록지 않았던 북방의 상황을 반영하고 있다고 하겠다.

당시 변경지역에서 복무하던 군관은 크게 두 부류가 있었다. 하나는 박

39) 『경국대전』 4, 兵典, 外衙前 軍官.
40) 『일기①』 1606.1.26.

계숙의 경우처럼 무과에 급제한 후 '일당백장사'에 선발되거나 박취문의
경우처럼 무과 신규 급제자의 자격으로 복무하는 출신군관 부류이다. 다른
하나는 그 지역에 토착한 자 중에서 군관에 선발되어 복무하는 토착군관
부류이다. 이 두 부류의 군관이 모두 군관청에 소속되어 비슷한 업무를 담
당하였으나, 여러 면에서 출신군관의 위상이 더 높았던 것으로 보인다.

출신군관은 신분상으로 볼 때 변경지역 관청에서 몇 안 되는 양반층이
었다. 그런 의미에서 비록 부사나 첨사의 지휘계통 아래 놓여 있기는 하지
만, 신분상 같은 양반이라는 동질성을 가지고 있었다. 또 이들은 언제든지
발탁되어 관료로 임명될 수 있는 급제자 신분이었다. 이런 점에서 부사나
첨사도 출신군관을 존중하며 함부로 대하지는 않았다.

박계숙은 습진習陣 훈련에 불참한 것으로 인해 첨사로부터 곤장 3대를
맞기도 하였고, 첨사가 들고 날 때 마중하지 않은 것에 대한 벌로 밤새도
록 복병을 나갔고 심지어 곤장까지 맞는 곤욕을 치르기도 하였다.[41] 그러
나 첨사의 그러한 조처에 대해 너무 박대하지 말라는 항변을 면전에서 할
정도의 위상은 가지고 있었다. 더욱이 이 일로 인해 박계숙은 병을 칭하면
서 맡고 있던 병방군관兵房軍官의 임무와 별장別將의 임무를 사임하고 두문
불출하는 것으로 대응하기까지 하였다. 이에 첨사가 번번이 사람을 보내
병문안을 하였을 뿐 아니라 술을 권하면서 '일시 망발로 후회가 가히 말로
할 수 없다'라고 사과함으로써 서로 화해하였음을 볼 때 첨사도 출신군관
을 토착군관과는 달리 대하였음을 알 수 있다.[42]

한편 출신군관들은 일반 군사들 위에서 군림하는 위치에 있었는데, 여
기에는 지휘계통에 따른 우위뿐 아니라 양반이라는 신분상의 우월성, 무과
급제자로서의 명망 등이 복합적으로 작용하였다고 생각된다. 박취문의 경
우 조총을 만드는 책임자로 있을 때 직속의 장인들 뿐 아니라 색리色吏, 고

---

41) 『일기①』 1606.2.2/10.13/10.15.
42) 『일기①』 1606.11.1.

직庫直 등에게도 잘못에 대한 연대 책임을 물어 곤장을 가할 정도로 강한 장악력을 행사하였음을 알 수 있다.43)

군관이라 하더라도 부당하게 군졸을 함부로 다루는 것까지 허용된 것은 아니었다. 병방군관이 번상한 군인을 마지기馬直로 부당하게 사역했다가 그들의 하소연을 들은 병사로부터 곤장 10대를 맞는 벌을 받았던 것은 그 한 예이다.44) 그러나 군인들이 병사에게 직접 하소연한 위의 경우가 오히려 예외적인 사례였을 것이다. 병사에게 집단으로 하소연할 정도의 사안이 되지 않을 한도 내에서는 부당한 대접이나 행위가 관례로 묵인되었으리라 짐작한다.

출신군관은 군영에서 일어나는 다양한 일을 맡아서 수행하였다. 그들이 수행한 업무는 형태상으로 볼 때 크게 두 종류로 구분될 수 있다.

첫째는 정식 직책을 맡아 일정 기간 업무를 맡은 경우이다. 병방군관兵房軍官으로 병방의 일을 맡아 수행한다든지, 공방감관工房監官으로 공방의 일을 책임지고 수행하는 것이 그러한 예이다.45) 박취문은 회령에서 근무할 때 기와 만드는 일을 책임지고 2달 정도 걸려 마무리 지었고, 경성의 병영으로 전근되었을 때 공방감관에 임명되어 수개월에 걸쳐 임무를 수행하였다.46) 그리고 북병영 차원에서 이루어진 조총 제조의 감독관까지 겸하여 맡아 전력을 쏟은 사실이 있는데, 이때 그는 공방감관으로 있으면서 조총별조감관鳥銃別造監官까지 겸하게 되어 조총 400자루를 만드는 일의 총책임을 맡게 되었다. 부방 기한도 얼마 남지 않았기 때문에 병사에게 눈물로 하소연하기도 하였으나 끝내 허락하지 아니하여 일을 맡게 되었으며, 급기야 복무 기일을 연장하면서까지 그 일을 담당해야 하였다.47)

---

43) 『일기②』 1645.12.30.
44) 『일기①』 1606.6.2.
45) 『일기①』 1606.1.19/5.17/10.17.
46) 『일기②』 1645.3.21/4.29/5.5/5.24.
47) 『일기②』 1645.10.30/11.1.

둘째는 한시적이고 일회적인 업무를 담당한 경우이다. 상관이 관할지역을 순찰하거나 업무 수행차 인근 지역에 갈 때 수행하는 임무를 맡았다.[48] 활쏘기 시합에 상관을 모시고 간 때도 있었고, 관유觀遊할 때라든지 천렵시에도 상관을 모시고 다녔다.[49] 그 외에도 다양한 업무를 담당한 것이 일기에 기록되어 있다. 상관 부재시 진보를 지키는 책임을 맡는 유진장留鎭將, 두만강변 순찰시에는 수호장守護將, 병사 행차시 앞서서 배행하는 선대마병별장先隊馬兵別將, 청의 차사 행차 준비에 말을 전하는 전어장傳語將, 개시開市 때 치안을 담당한 별금난장別禁亂將, 사냥하러 산에 갈 때 인솔책임을 맡은 대장代將, 둑제纛祭의 헌관獻官, 과거시험장의 경비 책임자인 과기차비관科氣差備官, 참호 수리나 벌목을 할 때의 감독관, 경포수京砲手를 다른 지역으로 인도할 때의 인솔 책임자, 풀베기하러 가는 군사의 인솔 책임자 등 실로 다양한 임무를 수행하였다.[50] 요컨대 출신군관은 특정 고유한 업무가 있었다기보다는 그때그때 상황에 따라 진보의 각종 임무를 부여받아 수행하였다.

부방 생활에는 위험 부담도 상당히 높았다. 더러 복무 중 사망하는 군관들도 있었으며, 병으로 고생하는 때도 많았다. 박계숙은 부방의 행로 중에 전사해서 고향으로 돌아가는 출신군관의 시신과 마주친 적이 있었다.[51] 또 흥해 출신으로 동행이었던 군관 최기문이 복무 도중에 사망하여 충격을 받은 적도 있었다.[52] 최기문은 임란시 같은 진영에서 고생한 전우였기에 박계숙의 충격은 더욱 컸다. 박계숙 자신도 이미 지병이 있었던지 여러 차례 피를 토한 사실이 있었다.[53]

---

48) 『일기①』 1606.2.28/3.21/4.24/5.25/9.2 ;『일기②』 1645.3.6/5.3.

49) 『일기①』 1606.3.10/3.12/4.14/7.21 ;『일기②』 1645.4.13/5.15.

50) 『일기①』 1606.5.22./5.26/6.3-6.10/6.15-6.23/11.7/8.23-8.25/9.18/9.25/10.2/10.15/11.16/ 11.19 ;『일기②』 1645.5.26/6.20/9.2/9.29/10.7.

51) 『일기①』 1605.12.14/12.16.

52) 『일기①』 1606.9.24.

53) 『일기①』 1606.1.2/1.4/1.6/1.9/1.20.

위와 같은 위험과 어려움이 있지만, 복무의 대가로 주어지던 혜택도 있
었다. 첫째, 후일 관직에 진출하였을 때 부방한 기일이 복무 기일에 포함되
어 경력으로 들어간다는 점을 들 수 있다. 둘째, 부방한 군관은 일정한 급
료를 지급 받았다. 대개 한 달 단위로 급료를 받은 듯하다. 회령의 보을하
진에서 근무한 박계숙의 경우 거의 한 달에 한 번꼴로 노마奴馬를 부령에
있는 청암창에 보내서 급료를 받아 왔다. 급료 수령 사실이 기재되어 있는
일기의 날짜를 일별하면, 2월 3일, 2월 29일, 4월 2일, 7월 5일, 11월 6일
등이어서 대개 매월 초 받아온 것으로 되어있다. 셋째, 관직에 진출하기 전
에 변방의 군무를 익히는 실습의 기회가 되었다는 점도 빼놓을 수 없는 경
험으로 지적할 수 있겠다. 넷째, 무엇보다도 부방이 관직을 제수 받을 수
있는 계기를 제공하는 기회가 될 수도 있었다는 점을 빼놓을 수가 없다.

부방 중에 관직에 제수된 예가 일기에 몇 건 발견되고 있다. 박취문과
함께 울산에서 부방에 나섰던 출신군관 박이명이 선전관에 제수된 사례,
황해도 송화 출신으로 온성에서 부방하던 출신군관 양충운이 수문장에 제
수된 사례, 행영에서 분방하던 출신군관 이민달이 부장部將에 제수된 사례
이다.54) 다만 이 사례가 반드시 부방을 통해 얻어진 혜택인지는 확언할 수
는 없다. 박취문과 동행한 언양출신 장두민의 경우는 확실하게 부방으로 인
해 얻어진 기회였다. 그는 길주목사의 요청으로 경성鏡城의 남쪽 43리에 위
치한 요새인 보로지책甫老知柵의 가장假將에 임명되었으며, 박취문 일행이
귀향할 때도 목사를 보좌하기 위해 길주에 남았다.55) 비록 불발되기는 하였
지만 박취문도 북병사의 천거로 선전관의 말망末望에 오른 적이 있었다.56)

54) 『일기②』 1645.7.5/7.12/7.28.
55) 『일기②』 1645.11.29. 박취문 일행이 귀향길에 길주에 도착하였을 때 장두민은 길
주에 있었고, 방직기 태옥까지 거느리고 있었다.(『일기②』 1646.2.15/2.21.) 그리고
박취문 일행이 길주에서 며칠을 머문 후 떠날 때 장두민과 작별한 것으로 미루어
그는 길주에 더 머문 것이 확실하다.(『일기②』 1646.2.23.)
56) 『일기②』 1646.1.21.

7장 방지기의 배정

군관의 변방 생활에서 주목할 것은 방직房直의 존재이다. 각 관청에는 외지에서 출장 온 사람을 접대하는 임무를 수행할 용도로 방직을 제공하는 것이 관례였다. 접대와 수발드는 일을 담당하던 이를 방직이라 쓰고 방지기로 일컬었다. 비슷한 용례로 문지기, 청지기, 산지기, 묘지기, 고지기 등의 표현을 들 수 있겠다.

방지기는 일반적으로 기생이 담당하였는데, 기생 방지기를 방직기房直妓 또는 줄여서 방기房妓라 하였다. 유형원은『반계수록』에서 "오늘날 관아에서 창기를 길러 사객使客이 오면 얼굴을 단장하고 옷차림을 화사하게 하여 그를 접대케 하는데, 술을 따라 권하고 음악으로 흥을 돋우니 이름하여 방기라 하였다."라고 하여 지방 관아 방기의 모습과 역할을 설명한 바 있다.[57] 방기는 각 고을에서 손님으로 오는 사람을 접대하기 위해 술과 음악으로 흥을 돋우고 잠자리 시중을 드는 수청 기생인 셈이었다.

황해도를 순시하던 관찰사 이이李珥의 잠자리 시중을 든 황주 기생 유지柳枝는 자신을 스스로 방기라 칭한 바 있다.[58] 명종대 박응남이 왕명을 받은 사신으로 평안도에 갔을 때 관찰사가 방기를 보내 맞이하였다는 것도 같은 예가 되겠다.[59] 인조 초년 청나라 사신이 노골적으로 수청 기생 즉 방기를 요구하기 시작하여 한때 큰 폐단이 되었는데, 이때 지방에서는 관기로서 충당하였고, 서울에서는 의녀醫女와 사창私娼으로서 충당하였다고

---

57) 『반계수록』25,「續篇(上)」女樂優戲. "今官畜淫娼 使客之來 令冶容姱服而待 之 行酒以侑 執樂以挑 稱曰房妓"

58) 이능화,『조선해어화사』제 20장, 儒學者與妓生, 李栗谷贈妓有詩 ; 앞의 이재곤 역,『조선해어화사』, 204~206쪽.

59) 위의 이재곤역,『조선해어화사』, 206쪽.

한 것도 같은 예이다.60)

북변지역에서는 장기간 복무하는 이들의 불편함을 줄여줄 수 있는 수단으로 방기가 운용되었다. 집을 떠나 멀리 와서 1년 남짓 머무는 군관에게도 의식주를 비롯한 기본적인 일상생활이 가능하도록 수발을 들 사람이 필요하였다. 바로 변방 지역의 방기는 장기간 가정과 떨어져 복무하는 이들에게 가정과 비슷하게 생활할 수 있는 조건을 갖추어주기 위한 존재였다. 더러는 정신적, 육체적 안정까지도 감당함으로써 가정 내 아내의 역할을 한시적으로 대신해주는 존재였다고 할 수도 있겠다. 이것은 북변지역의 오랜 관례였다.

일찍이 세종은 북변지역 방직기의 존재를 다음과 같이 공식적으로 인정한 바 있다.

> 옛날에 변진에 창기를 두어 군사들의 아내 없는 사람들을 접대하게 하였는데, 그 유래가 오래되었다. 지금도 변진과 주군에 또한 관기를 두어 행객을 접대하게 하는데, 더군다나 도내의 경원, 회령, 경성 등의 읍은 본국의 큰 진영으로 북쪽 변방에 있는데, 수자리 사는 군사들이 가정을 멀리 떠나서 추위와 더위를 두 번씩이나 지나므로 일용의 잔다란 일도 또한 어렵게 될 것이니, 기녀를 두어 사졸들을 접대하게 함이 거의 사의에 합당할 것이다.61)

그리고 성종도 "처음 창기를 연변 여러 고을에 둔 것은 변장邊將과 군관들이 고향을 떠나서 변경을 지키므로 빨래하고 바느질하는 일에 그런 사람이 없어서는 안 되기 때문이었다."라고 하면서 방직기의 존재 의의와 역할을 분명히 인정한 바 있다.62) 중종대 기생 폐지에 대한 논의가 많았을 때도 가장 끝까지 존속의 명분이 된 것이 내연에서의 필요성과 더불어 북

---

60) 『通文館志』 4, 事大(下), 房排.
61) 『세종실록』 75, 18년 12월 17일 무인.
62) 『성종실록』 212, 19년 윤정월 14일 기묘.

방군사에 대한 위무의 필요성이었다. 그리하여 함경도와 평안도의 지역에는 그러한 업무에 종사하기 위해 많은 기생이 존재하였다. 국가에서는 북변의 기생을 국가차원에서 특별히 관리하였다. 북변 기생의 외부 유출을 금지하는 법제화가 추진되어 명종대에는 함경도와 평안도의 기생은 아예 일체 몸값을 치르고 신분에서 풀려나지 못하도록 하였다.[63] 이 법은 조선 후기까지 이어져 숙종대 서북지역 관기로서 불법으로 풀려나 양인으로 된 자는 모두 적발해내어 관기로 환원시키는 조처가 취해지기도 하였다.[64]

군관과 방지기의 관계는 군관이 떠나면 자연 해소되는 한시적인 관계였다. 왜냐면 방직기는 당해 군현에 소속되어 관내를 벗어나지 못하는 존재였기 때문이다. 박계숙 일기에는 방직기라고 명기된 이는 없었으나 동행한 군관 김응택과 김대기 등이 녹의綠衣를 얻었다는 기록이 보이는데, 여기서 녹의는 바로 방직기를 우회적으로 표현한 것이라 판단된다.

방직기에 대해서는 박취문의 일기에 좀 더 자세하게 나타나 있다. 박취문은 처음에 사비私婢 노종을 방지기로 배정받았는데, 어떤 이유에선지 며칠 뒤 기생 의향으로 바뀌었다. 박취문과 의향의 관계도 그가 병사의 명으로 경성 병영으로 전근되어 회령을 떠나게 되었을 때 해소되었다. 경성으로 간 그는 병사로부터 새로운 방지기를 배정받았다.

어떤 기생이 누구의 방기가 되는가는 일률적으로 말하기 어렵다. 상대에 따라 그때그때 적절하게 정해졌다고 보는 것이 옳을 것이다. 재색이나 능력이 뛰어난 기생은 당연히 지체가 높은 벼슬아치에게 선택되었을 가능성이 크다. 예컨대 강릉 기생 막개를 가리켜 "강원도 도사의 방기였는데, 지금은 허리를 다쳤으나 명기였다."라는 지적에서 상대적으로 능력이 출중한 이가 고위직의 방기로 선택되었음을 알 수 있다.[65] 관찰사나 수령급을 모시는 방기도 마찬가지였을 것이다.

---

63) 『명종실록』 9, 4년 12월 14일 기유. 『各司受教』, 「장예원수교」, 기유년(명종 4년).
64) 『숙종실록』 32, 24년 1월 22일 무술.
65) 『일기②』 1645.1.2.

변방에서 군관을 상대한 방기는 방직의 임무를 맡지 않던 일반 기생보다 더 격이 낮았을 가능성이 크다. 방기의 기본적인 임무가 잡다한 집안일의 처리와 성적인 대상에 있었던 만큼, 굳이 많은 수련 과정을 거쳐 어렵게 양성해놓은 가무에 능한 상급 기생을 군관의 방기로까지 투입할 수 없었을 것이기 때문이다. 이러한 점은 전혀 기생으로서의 수업을 받지 않은 관비官婢나 사비私婢를 군관의 방직으로 충원하였던 것에서 미루어 짐작할 수 있다.

변방지역에는 군관을 위한 방직 기생이 일정 수 확보되어 있었겠으나, 그 수는 한정되어 있었기 때문에 군관 모두에게 배정할 수 없을 때도 있었다. 그때는 관아의 계집종이나 사가의 계집종까지 동원되었다. 계집종일 경우 방직비房直婢, 줄여서 방비房婢라 하였다. 회령의 사비 노종은 출신군관 박취문의 방비로 동원되어 자신의 집에서 잠시 그를 모셨고, 경성의 사비였던 태향은 경성 병영에서 복무하게 된 박취문의 방비 노릇에 강제로 동원되었다.66) 당시 태향은 남편을 잃고 수절하던 까닭으로 순순히 응하지 않자, 병마절도사가 그녀의 어머니와 오라비를 불러 곤장을 때리면서 그녀에게 방비가 되기를 강제하였다. 결국 태향은 협박에 못 이겨 방비 노릇을 하게 되었다. 일기에는 이렇게 묘사되어 있다.

> 1645년 7월 22일 ; 병사가 사비 태향을 불러 말하기를 "들자니 네가 전 지아비를 위하여 수절을 몇 년 동안 하고 있다고 하니 그 마음은 실로 가상하나, 내 군관 중에 아직 방직인을 얻지 못한 자가 있으니 오늘 저녁에는 반드시 네 집으로 모시고 가거라."라고 호령하고 보냈다.
>
> 1645년 7월 23일 ; 태향의 어미와 오라비를 잡아 와서 호령하길 "어제 태향에게 분부한 바가 있었는데, 들자니 신랑을 청하지 않고 갔다고 했다."라고 하면서 모자에게 한차례 곤장을 때리고 위엄을

---

66) 『일기②』 1645.2.23/2.27/7.22/7.23.

보이니, 오늘 저녁에는 초청한다고 하여 풀어주었다. 이로써 웃음거리가 되었다. 그날 저녁 과연 청하러 왔으므로 여러 군관에게 빙 둘러싸여서 함께 갔다.

군관을 받아들인 방지기의 집에서는 마치 혼례 뒤에 신랑이 신부집에서 벗들에게 음식을 대접하는 동상례東床禮에 빗대어 서상례西床禮라 하여 간단한 주안상을 내었다.67) 서상례라는 표현은 공인된 공식적 행사가 아님을 은연중에 드러낸 것이다. 동료군관들이 주인공인 군관을 옹위하여 방지기의 집으로 몰려가서 축하해주었다. 서상례와 같은 축하의 풍속은 박취문의 아버지 박계숙이 선조대에 부방생활을 할 때도 있었던 풍속이었는데, 박계숙은 동료 군관 김응택이 방기를 얻자 옹위하여 함께 가서 술 마시고 놀면서 축하한 바 있었다.68)

방기는 자신이 모시는 상대가 누구냐에 따라 거주지도 달랐을 것이다. 관직자의 방기들은 관아에 딸린 별당에 거주하였을 가능성이 크다. 그러나 성곽과 가까운 타인의 집에 세를 들어 살았던 군관들의 방기는 군관을 따라 거기서 거주하였던 듯하다. 군관과 사는 방기의 경우는 한 달에 한번씩 군관에게 지급되던 일정한 급료로 살림을 하였다. 그 외 수령을 비롯한 상관으로부터 부정기적으로 지원받던 물건들도 가계 운영에 보탬이 되었을 것이다. 방기의 집안 살림살이에는 근처에 사는 기생 어미가 당장 의지할 수 있는 존재였다. 사실 기생에게 있어 그 어미의 도움은 매우 컸을 것인데, 특히 살림에 대한 경험이 부족할 때는 더욱 그러하였을 것이다.

박취문의 방기였던 의향의 경우를 예로 들어 좀 더 살펴보자. 의향은 그 어미가 사는 촌가를 떠나 박취문이 얻은 읍내 근처 집에서 살고 있었다. 의향의 어미는 수시로 의향의 살림을 돕기 위해 드나들었다. 수레로 땔감이나 건초를 운반해 주기도 하였고, 떡이나 술을 가지고 오기도 하였으며,

---

67) 『일기①』 1606.2.26/2.27.
68) 『일기①』 1606.2.6.

더러는 떡을 박취문이 근무하는 관청으로 보내기도 하였다.[69] 박취문이 아플 때는 병문안을 하러 들리기도 하였다.[70] 닷새 정도를 머문 적도 있었지만, 대개는 하루 정도 머물다가 돌아갔다. 의향도 필요에 따라 그의 어미 집에 가기도 하였는데, 빨랫감을 가지고 가기도 하였고, 재단할 옷감을 가지고 들리기도 하였다.[71]

한번은 의향이 박취문의 철릭을 만들기 위해 옷감을 재단하다가 잘못하여 아까운 옷감을 버린 일이 있었다. 다음날 달려온 의향의 어미는 분함을 참고 있는 박취문을 달래기라도 하듯이 의향을 흠씬 패주고 돌아가기도 하였다.[72] 박취문은 판관에게서 받은 어물의 반을 특별히 의향의 어미에게 보내준 적도 있었고, 경성의 병영으로 전보 통지서를 받았을 때는 일부러 짬을 내어 의향의 어미가 있는 촌가에 다녀오기도 하였다.[73]

힘든 집안일이 있을 때 방기는 군관이 데리고 온 사내종의 도움을 받았다. 양반 출신군관은 적어도 한 명 이상의 사내종을 대동하여 변방으로 왔다. 박취문에게는 봉남, 군관 박이돈에게는 경립이라는 사내종이 각각 있었다. 그들은 주인의 곁에서 온갖 궂은 잡일과 심부름을 도맡아 하고 있었다. 사내종 봉남이 한 여러 가지 일 중에 집안 생활과 관련된 것으로는 소금을 구하러 마을로 간 것이라든지, 어물을 사러 어촌에 다녀온다든지, 갓을 수선하러 몇십리 떨어진 이웃 고을에 다녀온다든지 하는 등이었다.[74] 그리고 방기가 혼자서 해결하기 어려운 큰 빨랫감이 있어 그 어미의 손을 빌려야 할 필요가 있을 때, 무거운 빨랫감의 운반은 사내종의 차지였다.[75] 또 방기 본집의 채소를 파종하는 등 힘든 농사일을 담당하기도 하였다.[76]

---

69) 『일기②』1645.3.14/3.26/4.5/6.12.

70) 『일기②』1645.4.3.

71) 『일기②』1645.4.14/6.22/6.25.

72) 『일기②』1645.6.14/6.15.

73) 『일기②』1645.4.20/윤6.27.

74) 『일기②』1645.4.26/5.1/5.2/6.18/6.23.

75) 『일기②』1645.4.14.

방기라고 해서 계속 집안일만을 담당하고 있던 것은 아니었다. 그들 역시 기생이었다. 환송연과 같은 큰 연회가 있을 때나 군관들의 활쏘기 시합과 같은 행사가 있을 때는 동원이 되었다. 특히 활쏘기 시합 때는 자신의 상대 군관을 응원하면서 흥을 돋우는 임무를 수행하였다. 이는 당시 활쏘기 대회의 풍속과도 관련이 있었다.

활쏘기 대회는 대개 두 편으로 나누어 행하였는데, 시합이 끝난 후 진편의 꼴찌에게 내리는 벌칙에 방기가 종종 동원되었다. 진 편의 꼴찌에게는 더러는 곤장을 때린 때도 있었지만, 대개 양반에게 직접 곤장을 치기가 미안하였기 때문에 대신 그 방기를 끌어내어 족장이나 곤장을 치는 시늉을 하였다.[77] 그러면 대개 술로 대신케 해 달라고 해서 마무리를 짓는 형태로 진행되었다. 또 어떤 경우에는 꼴찌에게 광대 옷을 입혀 춤을 추게 함으로써 희롱한 때도 있었다.[78] 이때도 좀 더 짓궂은 경우에는 그 방기도 광대 옷을 입혀 함께 춤추게 하였다.[79] 더 심한 때는 광대 옷을 입힌 방기를 소의 등에 태운 다음, 그 소를 역시 광대 옷을 입힌 꼴찌 군관에게 끌게 하면서 땅에 떨어져 있는 화살을 줍게 하여 희롱하기도 하였다.[80] 그러면 소의 등에 타고 있던 방기는 민망해서 죽을 지경이었던 것인데, 사람들은 이를 보며 웃음거리로 삼았다.

방기의 생활은 근본적으로 기생이었기 때문에 몇몇 행사에 동원되었다는 점을 제외하고는 남편을 둔 여느 가정집 아낙의 생활과 크게 다른 것이 아니었다. 다만 차이가 있었다면 그 관계가 한시적이었다는 점이다. 따라서 모시던 사람이 가고 나면 자신의 의지와는 관계없이 또 다른 사람을 모셔야 하였을 것이다. 물론 방기에서 기첩妓妾으로 발전되어 함께 떠날 수

---

76) 『일기②』 1645.5.8/5.10.
77) 『일기①』 1606.4.4 ; 『일기②』 1645.5.23.
78) 『일기①』 1606.7.19/7.20 ; 『일기②』 1645.7.26.
79) 『일기②』 1646.1.18/2.15.
80) 『일기②』 1645.12.28.

있었던 기생은 일생의 행운이었을 것이다. 하지만 그 가능성은 그리 크지 않았다. 북변지역 기생의 외부 유출은 특히 엄하게 법으로 금지되어 있었다. 조선조 내내 한 번도 포기된 적 없이 유지된 법령이었다. 그러나 조선 초기부터 끊임없이 서북지역 기생의 외부 유출이 문제로 거론되고 있던 것으로 미루어 실제로는 불법적인 유출이 전혀 없었던 것은 아니었을 것이다. 하지만 대부분 기생은 자신이 속한 고을에서 평생을 보내야 하였으며, 함경도와 평안도의 경우는 더 강하게 지켜지고 있었다.[81]

한편 군관에게 특정 방기가 배정되어 있었다고 하더라도 능력에 따라 다른 기생과 친밀한 관계를 맺을 수도 있었다. 한 예로 박취문이 깊은 관계를 유지하던 회령 기생 설매를 들 수 있다. 앞에서 보았다시피 박취문에게는 이미 의향이라는 방기가 배정되어 있었음에도, 박취문은 설매와 또 다른 정을 키워나갔다. 박취문의 처지에서 볼 때 방기 의향은 자신에게 주어진 상대였지만, 설매는 자신이 선택한 상대였기 때문에 그 애정의 강도는 달랐을 수 있는 것이다. 그것은 설매의 입장에서도 마찬가지였다.

설매는 박취문을 점심에 초대하기도 하였고, 떡을 만들어 방문하기도 하였다.[82] 기생들이 군관들과 근처 명승지인 운두성으로 유람갔을 때, 설매는 박취문의 말을 빌려 타는 등 둘 사이는 각별하였다.[83] 이런 과정을 거쳐 둘 사이가 가까워지자 설매의 집을 찾는 박취문의 발길도 잦아졌다. 드디어 취중에 몰래 와서 자고 가기도 하는 사이로 발전하였고, 활쏘기 시합을 위해 인근 고을에 갔다가 돌아오는 길에도 몰래 들러 자고 가기도 하였다.[84] 이 경우 '잠숙潛宿'이라는 표현을 구사하고 있는 것으로 미루어 드러내놓고 출입하기는 자신도 조금 민망하였던 것을 알 수 있다. 그녀도 숙

---

81) 우인수, 「조선후기 북변지역 기생의 생활 양태」, 『역사와 경계』 48, 2003, 102~106 쪽.
82) 『일기②』 1645.4.17·24.
83) 『일기②』 1645.4.13.
84) 『일기②』 1645.5.11/5.15/윤6.2.

직하는 박취문을 관청으로 방문하여 은밀히 함께 지낸 적도 있었다.[85] 또 그녀는 박취문이 북쪽 국경지대 순찰에 나선 북병사를 모시고 회령에 들렀을 때, 북병사의 시침을 들던 중 깊이 잠든 틈을 타서 몰래 빠져나와 혼자 자고 있던 박취문을 방문하는 대단히 무모한 대담함을 보이기도 하였다. 물론 박취문의 엄한 나무람 속에 설매는 그냥 돌아가야 하였다.[86]

---

85) 『일기②』 1645.윤6.19.
86) 『일기②』 1645.10.19.

8장 토착군관의 존재

토착군관土着軍官은 해당 지역에 토착하여 사는 정병 중에서 군관으로 발탁되어 복무하는 부류를 가리켰다. 일기에는 '토병군관土兵軍官', '토군관土軍官'이라는 표현도 나오는데, 같은 의미로 쓰였다고 볼 수 있다.

토착군관은 군관이라는 호칭을 쓰면서 군관청에 소속되어 하급 지휘관으로서의 업무를 담당하였다. 요즘으로 치면 하사관 정도에 해당하였다고 볼 수 있다. 이들은 같은 군관이라는 호칭을 쓰긴 하지만 출신군관과는 여러 측면에서 차이가 나는 존재였다. 우선 신분이 출신군관은 대개 양반인 데 비해 토착군관은 대부분 양반이 아니었다. 그리고 출신군관이 정해진 기한인 12개월 정도 복무를 하고 돌아가는 사람인 데 비해 토착군관은 문자 그대로 그 지역에 토착해서 계속 사는 사람이란 점에 차이가 있었다.[87] 그리고 출신군관은 언제든 무관으로 발탁될 가능성을 가지고 있었지만, 토착군관은 그 가능성이 매우 낮았다.

이런 점에서 병영에서의 위상에 차이가 있었다. 예를 들면 토착군관은 첨사가 들고 날 때 5리까지 나가서 영접하는 것이 상례였으나, 출신군관은 그것을 하지 않는 것이 일반적이었다.[88] 출신군관은 무과에 급제한 양반 출신이었던 데서 영접하는 일과 같은 체신을 떨어뜨리는 일에는 동원되지 않았던 것이다. 물론 이런 것은 법으로 규정되어 있는 것은 아니고 하나의 관습으로 내려오는 것이었다. 고지식하고 엄한 상관을 만나면 출신군관의 5리 영접을 고집하는 경우도 있었는데, 그럴 때는 상당한 신경전이 벌어지

---

87) 출신군관들은 대개 12개월 정도 복무하는 것이 상례였다.(『경국대전』 4, 兵典, 外衙前 軍官. 『일기②』 1645.3.21.) 출신군관들이 10개월 복무를 마쳤다는 표현도 『부북일기』에 한두 번 나온다.(『일기②』 1645.6.27/10.18.)
88) 『일기①』 1606.10.15.

곤 하였다. 실제로 박계숙이 첨사를 영접하러 나가지 않았다가 별로 추운 날씨에 복병을 나가거나 곤장을 맞는 일이 있기도 하였다. 해당 부분을 일기에서 인용하면 당시 분위기를 이해하는 데 도움이 된다.

1606년 10월 15일 : 이른 아침에 뜰아래로 잡혀가 조사받고 문초받을 즈음에 내가 분함을 이기지 못하여 첨사에게 말해 가로되 "전 첨사 때는 매번 진을 나가고 들고 할 때 진에 속한 토병군관들이 5리 정도 앞에서 마중하였을 뿐입니다. 우리 남쪽에서 온 일당백장사들은 마중 나가지 않았습니다. 지금 첨사는 한 때의 별로 관계없는 일로 남래장사에게 곤욕을 주십니까? 변방에서 국경을 지키는 중에는 비록 장수와 부하로 칭해지지만, 우리는 근무 기간이 한 달 정도밖에 남지 않아, 방환 관문이 도착하는 즉시 바로 친구 사이가 되고 마는데 어찌 그 박대함이 이같이 자심하십니까?"라고 하였다. 끝끝내 거역하니 힘으로 눌러 곤장 3대를 때렸다. 원통함을 이기지 못하였다. 원통한 가운데 내일 병사가 행차할 때 앞서서 배행하는 선대마병별장先隊馬兵別將에 차정差定되었다.

1606년 10월 16일 ; 부득이 닭이 울 때 즉시 회령으로 갔다. 병사를 배알하니 술을 주었다. 이때 부사가 들어와 묻길 "어찌 이런 이른 아침에 왔는가?"라고 하였다. 대답하기를 "병사또와 부사 대감에게 문안하려 한 것이 아니고, 임무로서 부득이하게 왔습니다. 어제 저녁에 여차여차한 일로 첨사에게 잘못을 해서 곤장을 맞기에 이르렀고, 후에 갑자기 사또 행차의 선대마병별장에 차정되어 왔습니다."라고 하였다. 병사와 회령부사가 웃으면서 말하길 "자네 상관이 굉장히 엄하구나."라고 하면서 이어 명령하기를 "보을하진에서 앞서 차정되어 온 마병별장이 계속해서 배행하고, 새로 차정되어온 별장은 뒤에 남아라."라고 하였다. 회령부사에게 관청의 공급을 청하여 사내종과 말이 모두 배부르게 먹었다. 병사와 부사에게 하직하고 여러 친구가 있는 곳에 가서 또한 술을 마시고 크게 취하여 저녁에 보을하진으로 돌아왔다.

출신군관 스스로 토착군관과는 차별화시켜 양반으로서의 체모를 지키려 노력하였다. 한번은 여러 군관이 회령부사를 모시고 기생과 함께 명승지인 운두성雲頭城에 놀러 나간 적이 있었는데, 이때 흥이 고조된 토착군관과 기생은 함께 말을 타고 소리를 지르며 달려나갔으나, 출신군관은 체면상 차마 말을 달리지 못하였다고 술회한 것으로 미루어 볼 때 토착군관과 차별화된 행동을 하려는 의식을 가지고 실천하였음을 알 수 있다.89)

이런 점에서 출신군관과 토착군관 사이에는 마찰이 일어날 소지가 있었고, 실제 미묘한 갈등이 표면에 드러나기도 하였다. 박취문의 일기에 그 한 단면이 개시開市를 둘러싸고 제시되어 있다. 회령 근처의 토착군관은 청과의 개시 때에 사무역으로 상당한 이득을 올리고 있었던 모양이다. 이에 울산에서부터 박취문과 동행이었던 박이돈이 "토착군관이 청나라 차사差使를 자신들의 부형을 대하듯 아부한다"고 비난하여 서로 다툰 일이 있었다.90) 토착군관의 비굴한 행태들은 젊은 출신군관의 비위를 상하게 하기에 충분하였다.

이러한 분위기 속에서 박취문도 토착군관을 지칭하기를 '호반적자胡飯賊者' 즉 '오랑캐 밥을 빌어먹는 도둑놈'이라 하였다.91) 이에 격분한 토착군관은 불손한 언사를 문제 삼아 박취문을 군관청에서 쫓아내는 벌을 내리는 것으로 대응하였다. 그 자초지종을 전해 들은 회령부사는 박취문의 말이 진실이라며 웃으면서 두둔하였다. 이어 군관청 장무掌務로서 처벌을 주도한 토착군관을 도리어 질책하면서 곤장을 때리고 해임시켜 버리는 처분을 내렸다. 옆에 있던 고령진 첨사와 보을하진 첨사, 회령 판관, 풍산 만호

<hr>

89) 『일기②』 1645.4.13.
90) 『일기②』 1645.6.4. 개시 때 그 지역의 유력 인사들이 무역에 개입하였던 것은 상례화되어 있었던 듯 '병영군관 김엽이 병영 물화를 무역하기 위해 도착하였다' (『일기②』 1645.6.13.)라는 기사에서 보듯이 병영도 예외가 아니었던 모양이다.
91) 『일기②』 1645.윤6.25/윤6.26. 이로 인해 박취문은 마침 열리던 활쏘기 시합에도 참여하지 못하게 되었다.

등도 모두 박취문을 정직한 사람이라고 하면서 두둔하였다. 이러한 행태로 미루어 수령급에 해당하는 사람들이 모두 같은 양반인 출신군관을 우대하는 분위기였고, 토착군관에 대해서는 그만큼 마구 대할 수 있는 존재로 인식하고 있었음을 알 수 있다. 이러한 사례를 통해 토착군관의 평소 청과 유착된 행태도 짐작할 수 있으며, 출신군관은 토착군관과 차별화되었던 분위기도 함께 읽을 수 있다.

토착군관은 국경지대 해당 군현의 붙박이였다. 비록 양반 출신인 군관으로부터 '호반적자'라는 모욕을 받기도 하였지만, 그들로서는 어떻게든 변방에서 살아가야 하는 생계형 군관으로서 직업 군인이었다. 변경에서의 삶은 그리 호락호락한 것이 아니었다. 1년 남짓 머물다 떠나가는 출신군관과는 차원이 다른 것이다. 어떤 면에서는 진정한 국경수호자들이었다고 볼 수도 있다. 평생 국경지대에 살아야 했고, 자신들의 자식에게도 그 같은 처지와 환경을 물려주어야 하였다.

대부분의 토착군관은 출신군관과 사이좋게 지냈다. 같은 군관으로서 가지는 비슷한 점도 많았기 때문이다. 활을 쏠 수 있는 능력을 갖추고 있었기 때문에 활쏘기 시합이나 연습 훈련에서 늘 함께할 수밖에 없는 존재였다. 협력해서 처리해야 할 일도 많았다. 사실 서로 잘 지내지 않을 이유도 특별히 없는 것이다. 일기에는 토착군관과 가지는 술자리, 활쏘기, 전별연 등 많은 기록이 쓰여 있다.

활쏘기 시합을 위해 편을 나눌 때 출신군관 대 토착군관으로 맞대결할 때도 여러 차례 있었고, 서로 뒤섞여 편이 갈리는 경우도 많았다. 특히 지역별로 나눈 대결일 경우에는 같은 편이 되어 함께 상대편과 겨루어야 하였다. 이런 과정에서 자연스럽게 친밀한 관계로 발전하기 마련이었다. 술과 안주 그리고 기생까지 대동하여 집을 찾아와서 밤새도록 마시고 노는 술자리도 가끔 열렸다.

1645년 4월 11일 ; 토착군관의 우두머리 이사립, 공방군관 이홍남, 채승
희, 허정도, 좌수 허공도, 천총 허국촌, 파총 정윤신 등이 각자 술
과 안주를 가지고 기생들을 데리고 와서 밤새도록 술을 마시고
놀았다.

위에 찾아온 사람들은 모두 토착군관이었다. 각자 경력과 능력에 따라
공방군관, 좌수, 천총, 파총 등의 직임을 가지고 근무하고 있었다. 이들은
박취문이 회령에서의 복무를 마치고 병영으로 복무처를 옮길 때 회령 교
외에 미리 술자리를 마련하여 전별연을 열어주기도 하였다.

사실 출신군관은 지금 당장이라도 무관으로 임명될 수 있는 신분이었고,
나중에는 수령이나 첨사와 같은 관직을 띠고 이 지역을 다시 찾을 수 있는
존재였다. 누가 언제 어떤 관계로 어떻게 만날지 모르는 일이었다. 만났을
때 잘 지내놓는 것이 세상을 사는 지혜였다. 실제 박취문도 함경도의 갑산
부사를 역임한 바 있으며, 함께 부방을 온 박이명은 함경도의 회령부사와
길주목사를 역임한 바 있다.

토착군관 가운데는 해당 지역의 뛰어난 인물로서 읍지에 이름을 남긴
이도 있었다. 허정도와 이시복이 그 예일 것이다. 허정도는 읍지에도 이름
을 남긴 몇 안 되는 회령 출신 인물이었다.『여지도서』회령부 인물조에
허정도는 무과에 급제한 인물로서 이괄의 난을 진압하는 데 공을 세워 진
무원종일등공신에 책록된 바 있다고 특기되어 있다.[92] 박취문의 일기에는
'토착군관 허정도'라는 표현과 함께 '병방군관 허정도', '만호 허정도'라고
한 부분도 있는 것으로 미루어 만호에 오른 적도 있는 것으로 추정된다.[93]
활쏘기하는 장면이나 어울려 술 마시는 자리에 주로 등장하였다. 활도 꽤
잘 쐈다. 거의 박취문과 막상막하의 실력이었다. 박취문과 함께 50발 쏴서
50발을 모두 맞추는 경우가 몇 차례 있었고, 어떤 때는 박취문보다 더 잘

92)『여지도서』함경도, 회령, 인물, 허정도.
93)『일기②』1645.2.30/4.15/5.18/5.24.

쏜 적도 두어 차례 있었다.[94]

가장 인상적인 것은 개시를 위해 방문한 청의 차사가 제안하여 과녁의 변에 맞힌 것은 인정하지 않고, 가운데 정곡에 맞힌 것만 인정한다는 엄격한 기준을 적용한 경기였다. 이때 박취문과 허정도는 50발을 모두 과녁을 맞힌 가운데, 정곡에는 박취문이 46발, 허정도가 44발 맞추었다.[95] 이 정도면 두 사람 모두 신기에 가까운 실력으로 평가할 수 있다.

활쏘기에서 박취문보다 한 수 위인 이도 있었다. 종성의 토착군관으로 병영에서 복무하고 있던 이시복이 바로 그 사람이었다. 일기의 다른 곳에서는 전만호前萬戶로 지칭하고 있는 것으로 미루어 역임한 적이 있는 모양이다.[96] 역시 활쏘기 장면에서 여러 차례 등장하는데, 박취문에게 굉장히 깊은 인상을 남긴 자이다. 박취문이 활쏘기와 관련하여 칭찬하면서 탄복한 유일한 사람이다.[97]

그는 박취문과 벌인 맞대결에서 200발을 쏘아 200발을 모두 맞추는 성적으로 박취문을 이겼다.[98] 이때 박취문은 199발을 맞추어 한 발 차이로 패하였다. 그리고 또 한 번의 대결이 있었는데, 북병사의 제안으로 과녁의 정곡 부분에만 가죽을 덧대고 여기를 맞추는 시합을 한 것이다. 50발 중 이시복은 28발, 박취문은 23발, 북병사가 17발, 박이돈이 16발, 허정도가 15발을 정곡에 맞추었다.[99] 여기서도 이시복이 한 수 위였다.

---

94) 『일기②』 1645.2.30/4.5/5.1/5.9/6.14/윤6.5/윤6.25.

95) 『일기②』 1645.6.14.

96) 『일기②』 1645.윤6.4.

97) 『일기②』 1645.12.5.

98) 『일기②』 1646.1.21.

99) 『일기②』 1645.12.28.

9장 변방 진보鎭堡의 훈련과 검열

국경 지역 긴장의 정도는 시기에 따라 달랐다. 국경선을 마주한 양 세력의 갈등이 고조될 때는 긴장감 역시 높아지기 마련이었다. 대비를 위한 훈련이나 방어 태세에 대한 점검도 더 엄격하고 잦았다. 아버지 박계숙과 아들 박취문은 모두 함경도 회령에서 부방하였는데, 서로 40년간의 시차가 있었다. 단순히 40년이라는 시간 차이 이상으로 두 시기 사이에는 근본적으로 다른 점이 있었다.

아버지 박계숙이 부방하던 시기는 1606년으로 선조 말년이었다. 이 시기는 만주지역에 포진한 여진 각 부족 사회가 크게 요동치며 재편되던 격동의 시기였다. 만주지역 여진 부족의 활발한 움직임은 조선의 국경에도 직접적이고도 막대한 영향을 끼쳤다. 곳곳에서 여진족과 조선군 사이에 크고 작은 전투가 벌어지고 있었다. 박계숙이 근무하던 곳에서 직접적인 군사 충돌이 일어나지는 않았지만, 변방 전체가 긴장을 풀 수 없던 시기였다.

이에 비해 아들 박취문이 부방한 시기는 인조가 재위하던 1645년으로 만주의 여진 부족이 청이라는 강성한 하나의 국가로 우뚝 선 시기였다. 얼마 전에 일어난 정묘호란과 병자호란으로 조선은 청과 군신 관계를 맺으며 무릎을 꿇었다. 굴욕적인 결과로 인한 것이기는 하지만 국경 지역에서의 충돌과 갈등은 잦아들게 된 시기였다.

시대적 상황으로 말미암아 변방 진보에서의 훈련이나 점검의 모습은 아무래도 아버지 박계숙의 일기에 많이 나타나 있다. 그의 일기에 의하면 각 병영 단위의 중요한 훈련은 습진習陣이라 한 진법 훈련이었다. 일기에는 진법 훈련을 하였다는 사실이 네 차례 나온다. 2월과 9월에 각각 두 차례씩 행한 것으로 나타나 있다.[100] 이 진법 훈련에 참여하지 않고 빠진 자는 비록 출신군관일지라도 엄한 문책을 받아야 하였다. 박계숙도 무단으로 진법 훈련에 불참하였다가 첨사에게 곤장을 맞은 적이 있었다.[101]

평상시에도 변방의 진보는 긴장 상태를 늦출 수 없었다. 군영을 긴장시키는 것은 상급부서의 순찰과 검열이었다. 박계숙이 근무한 회령의 보을하진에도 여러 군데에서 내려오는 다양한 종류의 순찰과 검열이 행해졌다. 서울 중앙에서 직접 내려와 점검할 때도 있었고, 함경도 북병영 차원에서 검열할 때도 있었다. 북병사가 주관하는 정기 순찰이 일 년에 두 번 있었으며, 평상시 근무 상황을 점검하기 위한 불시 검열도 수시로 있었다.

박계숙의 일기에 나오는 내용을 토대로 회령 보을하진에 온 순찰자와 순찰 목적을 일별하면 다음 <표 2>와 같다.

〈표 2〉 1606년(선조 39) 회령 보을하진 순찰·검열 상황

일시	담당자	목적
1월 14-15일	體府 軍官 민항	부방군 검열, 기계·성첩·군기 점검
2월 10일-12일	北兵營 神將 홍기남	검열
2월 20일-21일	具仁垕·鄭忠信	-
2월 28일	北兵營 軍官 이계종·이영세	검열
3월 4일	點軍御使 李弘冑	활쏘기 시험
3월 12일-15일	體府 軍官 강효업	관보 순찰
3월 16일-17일	京哨官 김건	변경 순견
4월 25일	別將 신충일	봉수 검열
4월 27일	觀察使, 北兵使	春巡
5월 14일	금군 민주신	-
5월 26일	북병영 군관 홍대방	불시 시찰
6월 1일	假將	군 점검
6월 13일	북병영 군관 백종경·이전	守護處와 봉수 점검
10월 13일	北兵使	秋巡(직접 들리지는 않음)

---

100) 『일기①』 1606.2.2/2.14/9.22/9.29.
101) 『일기①』 1606.2.2.

위의 표는 박계숙의 일기에 나타난 것을 토대로 한 것이다. 빠뜨리고 쓰지 못한 것이 있을 수 있지만, 일기의 전반적인 서술 분위기로 미루어 상급 기관의 순찰 사실을 누락한 경우는 거의 없었다고 판단한다.

시기적으로 볼 때 순찰과 검열이 주로 겨울철에 집중되어 있음을 알 수 있다. 적이 도강하여 침입하기가 가장 쉬울 때가 강물이 얼어붙는 겨울철이었다. 당연히 변경지역에서는 이 겨울철이 특별 경계 태세에 돌입하는 시기였다. 검열의 책임자로 서울 중앙에서 파견한 이로는 체부군관, 점군어사, 경초관, 별장 등이 있었다. 함경도 관내에서 파견한 이는 관찰사, 북병사, 병영군관 등이 있었다.

순찰에서 지적된 사항은 사안에 따라 곧바로 시정되었다. 예컨대 3월 5일에 온 점군어사 이홍주의 지적에 따라 3월 29일에 성의 목책을 교체하는 작업을 완료한 것은 그 한 예이다.[102] 4월 5일 돌아가는 길에 다시 보을하진에 들린 이홍주는 박계숙을 따로 불러 이름과 고향을 묻고 술 석잔을 주었으며, 따로 첨사에게 좁쌀 1석을 얻어 주었다. 그리고 6월 13일에 북병영 군관이 와서 점검한 보을하진의 수호처에 허술한 곳이 있는 것으로 보고되었는지, 7월 9일에는 보을하진에 속한 수호처의 허술한 일을 조사한다면서 병방군관을 잡아 올리라는 북병영의 관문이 도착하였다. 당시 병방군관의 일을 맡았던 박계숙이 즉시 출발하여 북병영으로 갔는데, 아는 안면 덕분에 무사할 수 있었고 오히려 술대접을 받고 양식을 얻어 나올 수 있었다.[103]

당시 그들은 몰랐겠지만, 검열차 온 사람 중에는 역사 속에 이름을 남긴 유명한 이도 포함되어 있었다. 일기에는 이홍주, 구인후, 정충신, 신충일 등의 이름이 눈에 띤다.

함경도의 군영 실태를 살피기 위해 선조의 명을 받들고 온 어사 이홍주는 1594년 별시 문과에 급제하여 주서注書를 거쳐 예조·병조·이조좌랑을

---

102) 『일기①』 1606.3.29. 이때 보을하진 첨사는 교체한 헌 목책을 100개씩 땔감용으로 일당백장사에게 지급하는 인심을 썼다.

103) 『일기①』 1606.7.12.

두루 역임하였다. 어사로 파견된 것은 이즈음 일이었다. 1609년(광해군 1)부터 부수찬·교리·의주부윤·안동부사를 거쳐 1621년 함경도관찰사로 나갔다가 예조참판에 이어 1624년(인조 2) 도승지가 되었다. 이 해 이괄李适의 난이 일어나자 도원수 장만을 도와 큰 공을 세웠다. 1636년 이조판서를 거쳐 우의정에 올랐고, 이듬해에는 영의정에 올랐다.

구인후는 대사성 구성具宬의 아들로 1603년(선조 36) 무과에 급제하였다. 광해군대에 여러 지방 수령을 지냈으나 광해군의 폭정에 반감을 품고 삼촌 구굉과 함께 인조반정에 참여하였다. 인조의 외종형으로 정사공신靖社功臣 2등에 책록되어 능천군綾川君에 봉해졌다. 1636년 병자호란 때는 군사를 거느리고 남한산성에 들어가 국왕을 호위했으며, 그 공으로 어영대장이 되었다. 인조 말년에는 수차례 병조판서를 지냈으며, 형조·공조판서와 훈련대장 등을 두루 역임하였다. 1653년(효종 4) 우의정에 이르렀다. 공신인 동시에 인조의 외척으로서, 당시 공신들간의 대립이나 공신들과 일반 사류들 사이의 대립에 대해 신중한 태도를 취함으로서 큰 기복 없이 정치적 위치를 지킬 수 있었다.

정충신은 조선 중기의 무신으로 1592년(선조 25) 임진왜란이 일어났을 때 광주목사 권율의 휘하에서 종군하였다. 병조판서 이항복이 그에게 사서史書를 가르쳤는데 머리가 총명하여 아들같이 사랑하였다고 한다. 그해 가을 행재소에서 실시하는 무과에 응시하여 합격하였고, 많은 전공을 세웠다. 박계숙이 부방을 한 3년 뒤인 1609년(광해군 1)에 정충신은 보을하진첨사에 임명되었다.[104] 그 후 1624년(인조 2) 이괄의 난 때는 도원수 장만의 휘하에서 전부대장前部大將이 되어 이괄의 군사를 황주와 서울 안산鞍山에서 무찔러 진무공신振武功臣 1등으로 금남군錦南君에 봉해졌다. 1627년 정묘호란 때는 부원수를 지냈다. 키가 작으면서도 씩씩했고 덕장이라는 칭송을 들었으며, 민간에 많은 전설을 남겼다.

---

104) 정충신, 『만운집』 부록, 연보, 기유(1609).

신충일은 조선 중기의 무신으로 1583년(선조 16) 무과에 급제하여 선전
관에 등용되었다. 1595년 남부주부南部主簿로 있을 때 건주여진建州女眞의
동정을 탐지해오라는 명을 받고 만포진에서 압록강을 건너 누루하치(뒤의
청태조)의 성에 들어가 그들의 동정과 산천·풍습 등을 살펴보았다. 이듬해
에 귀국하여 보고하면서 만주사연구에 귀중한 자료가 되고 있는『건주기
정도기建州紀程圖記』를 작성하여 올렸다. 뒤에 김해부사와 경상도수군절도
사를 지냈다.

경성의 북병영에 머물던 북병사는 동절기가 가까워지는 10월 중순경부
터는 전방 두만강변에 가까운 쪽으로 전진 배치되어 비상 대비 태세에 들
어갔다. 아무래도 두만강 강물이 꽁꽁 얼어 침범의 가능성이 큰 시기임을
고려한 방비책이었다. 회령의 동쪽이자 종성의 남쪽 경내에 북병사가 동절
기에 머무는 행영이 따로 마련되어 있었다.

북병사가 경성에서 행영으로 옮겨갈 때는 여러 진보를 점검하면서 이동
하였다. 이를 박계숙의 일기에는 추순이라 하였고, 박취문의 일기에서는
북순이라고 하였다. 박계숙의 일기에는 추순에 나선 북병사가 보을하진을
들리지 않고 바로 회령으로 갔기 때문에 그날 저녁 보을하첨사가 명을 받
으러 회령에 다녀왔다고 기록하고 있다. 박취문은 북병사의 북순 당시 병
영에서 근무하고 있었기 때문에 북순에 동참하였고, 일기에도 관련 내용을
남겼다.

북순은 10월 17일 경성을 출발하여 부령·회령·종성·온성·경원을 거쳐
두만강 하구의 경흥에까지 갔다가 다시 되돌아 나와 종성부 경내에 있는
행영에 10월 28일 도착하는 것으로 마무리되었다. 이후 북병사는 동절기동
안 행영에 머물렀다.[105] 북병사가 관할 지역을 순찰할 때는 많은 군관이
동행하면서 업무를 분담하였다.

군관은 순행시 간선도로에서 벗어나 있는 진보의 근무 태세를 살피거나

---

105)『일기②』1645년 해당조.

군기를 점검하고 오는 임무를 수행하였다.106) 예컨대 북병사 본대가 부령
에서 회령으로 갈 때 간선도로에서 벗어나 있는 풍산보나 무산진은 군관
들이 각각 분담하여 점검하고 회령에서 만나 병사에게 보고하는 식이었
다.107) 또는 북병사가 온성에 머물 때 가까운 유원진의 군기 검열을 다녀
오거나, 경원에 머물 때 경흥의 상황을 점검하러 다녀오기도 하였다.108)
경원에서 되돌아올 때 북병사는 지름길을 택해서 행영으로 왔다. 일기에
기록된 북순의 일정과 상황을 제시하면 다음과 같다.109)

10월 16일 ; 저녁에 병사가 북순北巡110)을 하기 위해 향사당鄕射堂에 나아
　　　　　가 숙박하였다.
　　17일 ; 충의위忠義衛 김여해가 회시會試를 보기 위해 엄태구와 더불어
　　　　　동행하여 함께 출발하였다. 병사가 류정柳亭에까지 나아가 전송
　　　　　한 후 즉시 북순을 하기 위해 출발하여 수성에서 숙박하였다.
　　18일 ; 부령에서 숙박하였다. 행영에서 부방한 출신군관 이원진, 류
　　　　　환, 문익창, 이준성이 10개월 복무를 마치고 방환되어 떠나게
　　　　　되었다. 악수하고 눈물을 흘리며 작별을 하니 심사를 가히 말
　　　　　로 할 수가 없다.
　　19일 ; 나와 윤인상尹麟祥은 무산의 양영보梁永堡, 회령의 풍산보 그
　　　　　리고 무산의 군기를 검열하기 위해 첫닭이 울 때 먼저 출발하
　　　　　였다. 저녁에 회령에 도착하였다. 병사 또한 저녁에 회령에 도
　　　　　착하였다.
　　20일 ; 저녁에 출발하여 고령진에서 숙박하였다. 회령의 선사대先射
　　　　　隊 등이 행군할 때 혹 말을 타고 절제하지 않는 자도 있었고,

---

106) 이러한 예는 박계숙의 일기에서도 확인된다.(『일기①』 1606.4.27/4.28.)
107) 『일기②』 1645.10.19.
108) 『일기②』 1645.10.23.
109) 북순은 1645년 10월 16일부터 28일에 걸쳐 행해졌다.
110) 북병사가 동절기를 맞이하여 관할 지역의 북쪽을 순찰하는 것을 가리킨다. 북병
　　사는 북순을 한 후 동절기 동안은 두만강에서 가까운 행영에 머물며 국경 수비에
　　만전을 기하였다.

행군의 열이 끊어지는 때도 있었으며, 혹은 명령도 없이 꿩을
잡으러 말을 달리는 자도 있었다. 고령진에 도착한 후에 마대
장馬隊將 박완성朴完成을 잡아들여 곤장을 때릴 즈음에 내가
곁에 서 있다가 아뢴 즉 "박모를 봐서 십분 참작한다"라고 하
며 용서하고 풀어주었다. 회령의 마군 장관將官 등이 모두 머
리를 숙이고 감사해했다.

21일 ; 방원진方垣鎭에서 점심을 먹고 종성에서 숙박하였다.

22일 ; 머물렀다. 10순을 쏜 후에 종성부사가 병사에게 청하여 말하
길 "병사가 거느린 사람을 대상으로 하여 상을 걸고 활쏘기
시합을 하게 합시다."라고 하였다. 병사가 말하길 "거느린 사
람 중에 활을 쏘는 자는 있으나 상으로 걸 물건이 없으니 상
으로 줄 물건은 종성부사가 감당하는 것이 어떠합니까?"라고
하였다. 종성부사가 답하길 "앞서 10순을 쏘았을 때 50발을 모
두 명중시킨 자는 한 명도 없었습니다. 비록 본관本官에서 감
당하더라도 반드시 50발을 명중시킨 자라야 마땅히 상을 내릴
것이고, 상물에 대해서는 조금도 걱정하실 것이 없습니다."라
고 하였다. 나와 윤인상이 50발을 명중시켰다. 각각 좁쌀 2석,
6승포 1필, 겉보리 4석씩을 증서로 써서 내려주었다. 오후부터
밤까지 큰 잔치를 열었다.

23일 ; 동관진潼關鎭에서 점심을 먹고 영건보永建堡에서 말먹이를 주
었다. 윤인상은 몸에 병이 나서 행영으로 보냈다. 내승內承[111]
김대金玳를 급히 와서 보라는 일로 전령을 보냈다. 유원진柔遠
鎭의 군기를 검열하기 위해 내가 먼저 말을 달려가서 검열한
후 밤이 되어 온성에 도착했다.

24일 ; 머물렀다. 큰 잔치를 열었다. 김대가 행영에서 왔다.

25일 ; 미전진美錢鎭에서 아침밥을 먹고 황자파보黃柘坡堡에서 점심
을 먹었다. 훈융진訓戎鎭에서 말먹이를 주고 저녁에 경원에
도착하였다.

---

111) 內乘의 잘못이다. 내승은 말과 수레를 맡아보는 內司僕寺의 말단 벼슬을 가리킨
다.

26일 ; 경흥의 군기를 검열하는 일로 새벽 일찍 출발하였다. 가는 길에 경흥부사를 만났다. 경흥부사는 병사를 만나 뵙기 위해 경원으로 향해 갔다. 병사는 경흥[112]에 머물렀다. 경흥에 도착하여 검열 후에 바로 출발하여 밤이 되어서야 돌아왔다. 온성부사도 또한 도착했다.

27일 ; 안원보安原堡에서 점심을 먹고 고건원점古建院店에서 숙박하였다.

28일 ; 부계浮溪에서 점심을 먹고 행영에 도착하였다.

당시 북병사의 북순 노정과 경로를 정리해서 제시하면 다음과 같다.

경성 북병영 출발(10월 17일) - 수성(17일 숙박) - 부령(18일 숙박) - 회령(19일 숙박) - 고령진(20일 숙박) - 방원진(점심) - 종성(21·22일 숙박) - 동관진(점심) - 영건보(말먹이) - 온성(23·24일 숙박) - 미전진(아침밥) - 황자파보(점심) - 훈융진(말먹이) - 경원(25·26일 숙박) - 안원보(점심) - 고건원점(27일 숙박) - 부계(점심) - 행영 도착(10월 28일)

박계숙의 일기에는 북병사가 춘순 즉 봄에 얼음이 풀린 후 진보의 상황을 점검할 때 동행한 군관들이 활동하던 상황이 단편적으로 담겨있다. 4월 27일 북병사가 함경도관찰사와 함께 무산에서 보을하진으로 와서 잠시 머물다가 바로 회령으로 갔다. 이날 관찰사 휘하의 군관인 박진영이 주 이동통로에서 벗어나 있던 풍산을 검열한 후 보을하진에 도착하여 박계숙과 술을 마시면서 담소를 하다가 해가 진 후에 관찰사가 간 회령을 향해 갔다고 한다.[113] 다음날 박계숙은 첨사를 모시고 활쏘기 시합을 하기 위해 회령으로 갔는데, 이날 관찰사 휘하의 군관인 동방급제자 영해 사람 박종호는 무산진을 검열하고 회령에 도착하였으며, 경주사람인 군관 이사인은 무

---

112) 원문에는 慶興이라고 되어 있으나 慶源의 착오인 듯하다.

113) 『일기①』 1606.4.27.

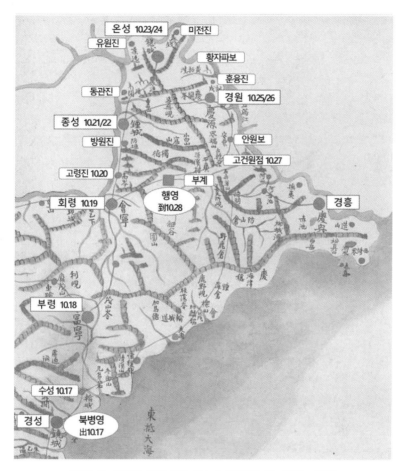

〈그림 6〉 함경도 북병사의 북순 노정(지명 옆 숫자는 월일)
고려대학교 도서관 소장 『地圖』 3, 함경도

산의 양영보를 검열하고 역시 회령에 도착하였다.[114] 다음날 북병사는 행
영을 향해 출발하였고, 그다음 날 관찰사는 종성을 향해 출발하였다.[115]
요컨대 병사나 관찰사는 간선도로 상에 있는 큰 진보를 중심으로 순찰을

---

114) 『일기①』 1606.4.28.
115) 『일기①』 1606.4.29/5.1.

하고, 간선에서 벗어나 있는 여러 작은 진보에는 소속 군관을 보내서 검열하는 식이었다. 그리고 일정한 거점에 모였다가 다시 또 검열 담당할 곳을 분담하여 업무를 진행하였던 것이다.

한편 박취문의 일기에도 북병사의 춘순으로 추정되는 일정이 나타나있다. 동절기에 행영에 머물던 북병사가 봄이 되어 경성으로 옮겨가는 기회에 북쪽의 각 진보의 상황도 살피고 사기도 북돋우기 위한 행차였다. 회령의 군관은 갑주를 갖춰 입고 10리 앞까지 나가서 북병사 일행을 맞이하였다. 3월 15일경에 회령에 도착한 북병사는 이틀 남짓 머물면서 군관의 활쏘기 능력을 시험하였다. 그 뒤 경성을 향해 보을하진과 풍산보 쪽으로 출발하였다.

이후 경성에 머물던 북병사는 여름철인 8월에 남순南巡이라하여 북병영 괄할 지역으로 남쪽에 있는 여러 진보를 점검하기 위해 출발하였다. 마침 이때는 박취문이 병영의 군관으로 복무처를 옮겨있을 때여서 북병사의 남순을 수행하였다. 일기에 기록된 12일간의 남쪽 지역 순찰 상황을 살피면 아래와 같았다.[116]

> 8월 13일 ; 병사를 모시고 남순南巡[117]을 갔다. 영강永康에서 점심을 먹고 주촌朱村에 묵으면서 집주인[118]을 찾아보았다.
> 14일 ; 귀문관鬼門關에서 말먹이를 주었다. 명천에 도착해서 활 10순을 쏴서 50발을 명중시켰다.
> 15일 ; 아침 일찍 출발하였다. 재덕보在德堡에서 아침밥을 먹고 검열 후에 길주에 도착하였다.
> 16일 ; 아침에 검열하고 머물렀다. 30순을 쐈다. 병사와 길주목사 모두 활을 쏘았다.

---

116) 남순은 1645년 8월 13일부터 25일에 걸쳐 행해졌다.
117) 북병사가 남쪽에 있는 북병영 관할 지역을 순찰하는 것을 가리킨다.
118) 부방하러 올 때인 2월 8일 주촌역 배종남의 집에서 후하게 대접받은 적이 있는데, 아마 그를 가리키는 듯하다.

17일 ; 출발하였다. 차천遮川에서 말먹이를 주었다. 목사도 동행하였
　　　다. 연어를 많이 잡아 회를 떠서 먹었다. 오후에 비가 잠깐
　　　뿌리더니 곧 그쳤다. 저녁에 성진城津에 도착하였고 목사도
　　　또한 동행하였다.

18일 ; 새벽부터 비가 와서 머물렀다. 종일 잔치를 하였다.

19일 ; 덕만동보德滿洞堡를 지나갔다. 나는 이른 새벽에 홀로 검열하
　　　러 갔고, 새벽에 임명역臨溟驛에서 말먹이를 줄 때 전 집주인
　　　최득수 등이 모두 술을 가지고 와서 주었다. 덕만동에서 검
　　　열을 마친 후에 저녁에 길주에 도착하였다. 병사도 또한 저
　　　녁에 도착하였다.

20일 ; 머물렀다. 아침 전에 길주목의 동헌에서 활을 쏠 때 화살 한
　　　발이 날아가는 새에 맞아서 떨어지는 바람에 명중하지 못하
　　　였다. 길주목사는 이 한 발은 명중이 아니라 하였고, 병사는
　　　비록 떨어져 명중을 못 시켰으나 날아가는 새를 바로 화살로
　　　맞추어 떨어뜨렸으니 반드시 명중한 것으로 간주해야 한다
　　　고 말하면서 서로 다투었다.

21일 ; 사하북보斜下北堡를 지나쳐 서북보西北堡 숙소로 갔다. 나는 혼
　　　자 사하북보에 가서 검열한 후에 밤이 되어서야 서북보에 도
　　　착하였다. 서북보는 길주에서 80리 떨어진 장백산 아래이다.

22일 ; 큰 고개를 넘었다. 장군파보將軍坡堡에서 점심을 먹고 30리를
　　　가서 들판에서 또 점심을 먹고 명천에서 숙박하였다.

23일 ; 비어있는 사마동보斜麻洞堡에서 말먹이를 주었다. 삼삼파보森森
　　　坡堡에서 점심을 먹고 저녁에 보화보寶化堡에[119) 도착하였다.

24일 ; 보로지보甫老知堡에서 점심을 먹고 주을온보朱乙溫堡에서 숙
　　　박하였다. 병영에 머물고 있던 비장과 기생 약간 명이 와서
　　　병사를 알현했다. 밤에 여러 군관과 온정에서 목욕하였다.

25일 ; 오촌吾村에서 점심을 먹고 북병영에 도착하였다. 비가 먼지를
　　　적실 정도 내렸다.

119) 원문에는 甫乙堡라고 되어 있으나 寶化堡의 착오인 듯하다.

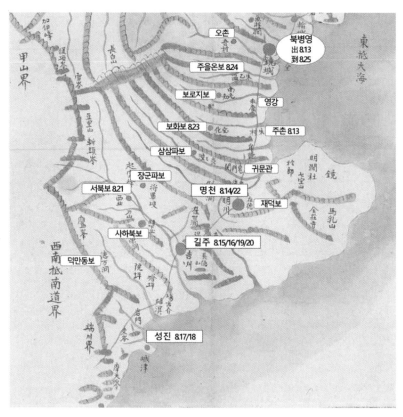

〈그림 7〉 함경도 북병사의 남순 노정(지명 옆 숫자는 월일)
고려대학교 도서관 소장 『地圖』 3, 함경도

10장 활쏘기 연습과 시합

『부북일기』에 나타나는 병영생활에서 가장 자세하고도 풍부하게 기록되어 있어 눈길을 끄는 것은 활쏘기와 관련한 내용이다. 이 일기에는 무인의 활쏘기에 대한 기록이 1년간 지속해서 나타나 있을 뿐 아니라 활쏘기를 둘러싼 여러 가지 이야기들이 생생하게 기술되어 있다. 이를 통해 당시 무인의 활쏘기와 관련한 많은 사실을 살필 수 있다.

무인에게 있어 활쏘기는 가장 기본이 되는 무예였다. 무과 시험에서도 활쏘기 능력이 무인의 능력을 판가름하는 주요한 기준이 되었다. 활쏘기는 무인에게 요구되는 재주의 정확성을 가장 공정하게 판단할 수 있는 수단이었으며, 또한 무거운 화살을 어느 정도 거리까지 쏠 수 있는가는 무인의 힘을 가늠하는 수단으로도 유용하였다. 활은 총이 나온 이후에도 무인의 무예 실력을 측정하는 수단, 체력을 다지는 수단 그리고 친목을 다지는 놀이로 계속해서 주목을 받았다. 그래서 군관들은 거의 매일 활쏘기를 하고 있었다. 박계숙과 박취문도 별다른 업무가 없는 한 거의 매일 활을 쏜 듯하고, 또 그 사실을 일기에 꼼꼼하게 써 놓았다. 그만큼 무인에게 있어 활쏘기는 일상 속에서 대단한 관심사에 속하였던 것임을 알 수 있다.[120]

『부북일기』에서 박계숙·박취문과 함께 활을 쏜 무인들을 살펴보면 다음과 같았다. 먼저 박계숙의 경우 회령부사, 회령판관, 보을하진첨사, 고령진첨사, 풍산보만호 등 회령부 관내 관료들과 부령부사, 무산진첨사 등 인근 지역 관료 및 각 지역에 배치되어 있던 출신군관과 토착군관 등이었다. 가끔 병마 우후나 경초관과 같은 방문자들과 활쏘기를 하였다.

---

120) 이순신의 『난중일기』에도 활쏘기를 한 상황이 비교적 자세하게 기록되어 있다. 이순신 저, 노승석 역, 『교감완역 난중일기』 민음사, 2010.

박취문도 회령부사, 회령판관, 보을하진첨사, 고령진첨사, 풍산보만호 등 자신이 근무한 지역인 회령부 관내 무관들과 군관들과 주로 활쏘기를 하였다. 두 번째 근무지인 북병영에서도 북병사와 우후를 위시하여 종성부사·길주목사 등 인근 지역의 수령과 각 고을의 출신군관과 토착군관들과 주로 활쏘기를 하였다. 가끔 함흥부 천총 등 무관과도 활쏘기한 것으로 나타나 있다. 따라서 『부북일기』에는 박계숙과 박취문이 근무하였던 회령부와 북병영의 관료와 군관들이 활쏘기의 주체로 망라된 가운데, 인근 지역의 무인들도 가끔 등장하고 있다.

활쏘기는 한 사람이 다섯 발 쏘는 것을 1순巡이라 하여 기본 단위가 되었다. 연습할 때는 한번 활쏘기를 시작하면 보통 10순 단위로 쏘았다. 시합에서도 10순을 쏘아 한 판의 승패를 판가름 지었다. 여력이 있거나 시간적 여유가 있으면 다시 10순을 더 쏘는 식으로 횟수를 늘려갔다. 그러나 시간적 여유가 없을 때는 5순을 쏘아 실력을 겨룬 적도 가끔 있었다. 박취문이 부방을 위해 북상하던 중 함흥에 도착하여 며칠간 머물 때 동행한 군관 서너 명과 함흥의 천총 이집이 함께 양무당에서 활을 쏜 적이 있었는데, 시간적 여유가 많지 않았던지 5순을 각각 쏘았다. 그리고 그다음 날도 다시 5순씩을 쏘았다. 이때 이집은 이틀 연속 25발을 명중시켰으며, 박취문 일행은 24발에서 20발 사이를 명중시켰다.[121] 아마 장기간 이동하는 중이었기 때문에 다소 연습량이 부족하였던 점을 참작한다면 나쁘지 않은 성적이었다고 할 수 있다.

군관들의 평상시 병영에서 활을 쏜 횟수와 연습의 강도를 살펴보기 위해 활쏘기에 관한 내용이 좀 더 자세하게 나타나 있는 박취문을 예로 들어 활을 쏜 날과 쏘지 못한 날로 나누어 월별 상황을 파악해서 제시하면 다음 <표 3>과 같다.

---

121) 『일기②』 1645.1.23/1.24.

〈표 3〉 군관 박취문의 활쏘기 상황122)

구 분			총횟수	월별 횟수												
				2월	3월	4월	5월	6월	윤6월	7월	8월	9월	10월	11월	12월	1월
쏜날	연습	30순 이상	38		1		5		9	1	4	8	2	1	3	4
		20순	12			3	1	1	3		1	1		2		
		10순	35		4	10	6	3	2	5	2	1	1		1	
		불명	11	5	2	1	1					1	1			
		소계	96	5	7	14	13	4	14	6	8	11	3	3	4	4
	시합	30순 이상	2				1									1
		20순	7		1	1	2	1	1					1		
		10순	10			1	2		4	3						
		불명	10	1	1		3		1				1		2	1
		소계	29	1	2	2	7	2	6	3			1		3	2
	합계		125	6	9	16	20	6	20	9	8	11	4	3	7	6
쏘지 못한 날	다른 공무		78		6	2	3	3		5	17	10	22	10		
	악천후		18	1	5	1	2	7		1	1					
	질병		11			4		1		4		1				1
	기타·미상		125	3	9	6	5	10	8	11	3	8	4	17	23	18
	합계		232	4	20	13	10	21	8	21	21	19	26	27	23	19
총 계			357	10	29	29	30	27	28	30	29	30	30	30	30	25

월별 상황을 보면 5월과 윤6월에 활을 가장 많이 쏘아 각각 20일씩을 쏜 것으로 나타난다. 그리고 10월 이후 활 쏜 횟수가 급격히 감소하였음을 알 수 있다. 이 시기는 겨울철을 맞이하여 경성에서 행영으로 전진 배치되는

---

122) 회령에서 근무를 시작한 1645년 2월 21일부터 근무를 마감한 이듬해 1월 25일까지 총 357일간을 분석의 대상으로 하였다. 엄밀히 따지면 총 359일이어야 되는데, 일기에 6월 6일과 윤6월 21일 이틀의 일기가 누락되어 있어서 357일로 되었다.

병사를 모시고 북순北巡을 한 기간으로 여기저기로 옮겨 다녔기 때문이고, 또 행영에 도착한 이후에는 조총 제조의 책임자라는 특별 임무를 부여받아 이 일에 전념하여 매우 바쁜 나날을 보냈기 때문이었다.

전체 357일 중 분명하게 활을 쏘았음이 확인되는 날은 연습을 한 날이 96일, 시합을 한 날이 29일로 총 125일이었다. 물론 기록 자체의 누락으로 인해 확인되지 않는 때도 있었음을 고려한다면 실제 활을 쏜 날은 더 늘어날 것이다. 활을 쏘지 않은 날은 공무로 바빴던 날이 78일, 악천후로 인해 활쏘기할 수 없었던 날이 18일, 병을 앓았던 날이 11일, 다른 사정이 있었던 날과 어떤 일이 있었는지 확실하게 알지 못하는 날이 125일로 모두 232일이었다. 나타난 수치상으로 본다면 부방 기간 중 적어도 3일에 1번 이상은 반드시 활을 쏘았음을 알 수 있다. 실제 다른 공무로 바빴을 때를 제외하고는 거의 활쏘기를 한 셈이었다.

이렇듯 활쏘기는 당시 무인들에게 있어 거의 일상화되어 있었다고 보아도 과언이 아니었다. 시합이나 연습을 통틀어 10순을 쏜 경우가 45일로 제일 많았고, 20순이 19일, 30순 이상도 40일이나 되었다. 얼마를 쏘았는지 명확하게 기록하지 않은 날은 21일 정도였다. 30순 이상을 쏜 경우는 시합은 두 번뿐이고 대부분이 연습 때였다. 최고로 많이 쏘았던 날은 60순 즉 300발을 쏜 날이었다.

활쏘기 연습을 한 날에는 몇 순을 쏘았느냐에 주로 초점을 맞추어 기록해 놓았고, 명중률에 대해서는 따로 기록해두지 않았다. 다만 10순을 쏘아 50발 모두 명중한 날은 어김없이 그 사실을 기록하였다. 따라서 평상시 활쏘기 연습을 할 때의 명중률은 구체적으로 파악하기가 어렵지만, 이는 후술할 활쏘기 시합에서 얻은 성적과 크게 다르지 않았을 것으로 생각한다.

군관이 연습 때 10순 즉 50발을 쏘아 50발 모두 명중하면 상관이 상을 주어 격려하는 것이 상례였다. 특히 처음으로 50발을 명중하면 오십례五十禮를 행하는 풍속이 있었던 듯한데, 박취문이 처음으로 50발을 맞추었을

때 동료들이 오십례를 행한다며 거꾸로 매달았고, 회령부사는 술과 안주를
푸짐하게 내려주어 축하해준 바 있었다.[123] 박취문이 연습 때 50발을 명중
시켜 상관으로부터 여러 가지 상을 탔었는데, 일기에 나타나는 것을 제시
하면 다음 <표 4>와 같다. 최고 50발을 명중하고도 상을 타지 못하였거나
혹은 상을 탄 사실을 일기에 기록해두지 않은 경우도 많았기 때문에 실제
50발을 명중시킨 횟수는 아래 표보다 훨씬 많았을 것이다.

〈표 4〉 군관 박취문이 활쏘기 연습시 받은 상물 상황

연월일	준사람	상물	성적
1645.3.13.	회령부사	술상 5개, 소주 7선	50발 명중
1645.3.16.	북병사	쌀 5두, 콩 1석, 좁쌀 2석	50발 명중
1645.4.26.	회령부사	벚나무 껍질 10장	50발 명중
1645.4.27.	회령부사	쌀 3두	50발 명중
1645.7.15.	前兵使	씨 제거한 목화 4근	50발 명중
1645.10.22.	북병사	좁쌀 2석, 6승포 1필, 겉보리 4석	50발 명중

위 표에서 보듯이 50발 명중에 대한 축하와 포상의 의미로 상을 내려준
사람은 박취문의 직속 최고 상관이었던 회령부사와 북병사였다. 또는 활
쏘는 장소에 있던 사람 중 최고 상급자가 상을 내려주었다. 회령에 근무할
당시 병사로부터 받은 것이나, 병영에서 근무할 때 전병사로부터 상을 받
은 것은 그 경우에 해당하는 것이었다. 상금으로 받은 것은 곡물이나 옷감
으로 거의 생활에 바로 쓰이는 필수품들이었다.

간혹 연습이나 시합에서 육량전이나 편전을 사용한 때도 가끔 있었다.
육량전은 무게가 보통 화살보다는 훨씬 무거운 6량六兩에 해당한다고 하여
붙여진 이름이었다. 무과나 무인의 시취에서도 자주 채택된 화살로 무게가
많이 나가는 까닭에 멀리 쏘기가 어려워 보통 100보 거리에서 쏘는 것이

---

123) 『일기②』 1645.3.13.

일반적이었다. 따라서 이를 통해 활을 쏘는 사람의 근력을 가늠하는 용도로 사용되었다. 일부에서는 화살이 지나치게 무거워서 멀리 쏘는 것만을 능사로 여기면 무리를 해서 근육이 파열되는 부작용도 만만찮을 뿐만 아니라 실전에서의 효용성을 고려하면 별 필요도 없는 부문이라고 그 시합 방식의 개선을 요구하는 건의가 제기된 적도 있었다.[124]

박계숙의 일기에는 육량전과 편전을 이용하여 시합하였다는 사례가 한 건 기록되어 있다. 회령 관내의 무인들이 모두 모인 시합에서 철전 즉 육량전과 편전 1순씩을 쏘는 것이었다. 이때 박계숙은 육량전이 경우 3발 중 1발을 정곡에 그리고 2발을 변에 명중시켰고, 편전의 경우는 1발을 변에 명중시키는 우수한 성적으로 상을 받았다.[125]

박취문의 일기에도 육량전을 쏜 경우가 다섯 차례 정도 나오고 있다. 북병영에 근무할 당시 육량전을 쏘아 명중시켰으며, 동료 군관인 방호생도 명중시켰다고 소개하고 있다.[126] 그리고 북병사는 비록 명중시키지는 못하였지만 역시 군관들과 같은 100보 밖에서 육량전을 쏘았음을 특기하고 있다. 그 외 박취문 등이 강가에서 연어를 잡을 때 동개살을 활용한 사례도 일기에 나오고 있다.[127]

위와 같은 특별한 때 외에는 일상적으로 사용한 화살의 종류에 대해서는 일기에서 따로 논급하고 있지 않다. 이는 일기를 쓰는 당사자들에게는 너무나 당연하므로 논급할 필요조차 느끼지 못했기 때문으로 생각된다. 짐작건대 대개 120보(144m) 거리에서 쏘는 유엽전이었을 것으로 추정한다.

크고 작은 활쏘기 시합도 자주 열렸다. 관내 군관들끼리 적절히 편을 갈라서 하는 시합이 많았다. 새로 온 군관과 앞서 왔던 군관으로 편을 나누거나, 출신군관과 토착군관으로 편을 가르기도 하였으며, 때로는 실력을

---

124) 『중종실록』 24, 11년 3월 8일 기축.
125) 『일기①』 1606.4.28.
126) 『일기②』 1645.7.9.
127) 『일기②』 1645.9.4.

적절히 맞추어서 편을 가르기도 하였다.[128] 그리고 인근 지역으로 원정하거나 인근 지역의 인사들이 원정을 와서 이루어지는 시합도 많았다. 예컨대 박계숙이 회령에 가서 우후 입회하에 시합한 것이라든지, 거꾸로 회령부사와 판관 그리고 고령진첨사 등이 보을하진에 와서 시합한 것이 그 예이다.[129] 박취문의 경우에도 회령부 소속 군관과 종성부 소속 군관으로 나누어 시합한 것이라든가, 인근의 고령진이나 보을하진에서 시합하러 회령에 오는 경우가 매우 빈번하였고, 때에 따라서는 회령부에서 고령진으로 가기도 하였다.[130] 병사와 우후가 방문하였을 때 적절하게 편을 갈라 시합하기도 하였고, 행영으로 원정을 가서 행영군관들과 시합하기도 하였다.[131] 박계숙·박취문과 함께 활을 쏜 무인들은 그들이 근무하였던 회령부와 북병영의 관료와 군관들이 망라된 가운데, 인근 지역의 무인들도 가끔 등장하고 있었다.

활쏘기 시합은 대개 1순 즉 5발을 참가자별로 돌아가며 쏘는데, 대개 10순을 쏘아 명중한 성적을 합산하여 승부를 가렸다. 내기를 걸고 하는 시합이 대부분이었다. 박계숙의 일기에 의하면 보을하진에서 무인들끼리 활쏘기 시합을 하였을 때 진 편이 다음 날 술과 안주를 크게 배푼 경우가 있었는데, 아마 술내기 시합을 한 것이라고 생각된다. 그러고는 술자리를 빌미로 또 활쏘기 시합을 하였고, 그다음 날에는 시합에서 진 상대편이 또 주찬을 마련하여 놓고 활쏘기를 하면서 즐겼다.[132] 박취문의 일기에도 출신군관과 토착군관이 편을 나누어 술 20선鐥을 걸고 시합을 하는 모습이 그려져 있다.[133] 처음 10순은 출신군관 편이 져서 먼저 술 20선을 내었고, 이

---

128) 『일기①』 1606.1.26/4.3/4.4/4.21 ; 『일기②』 1645.2.30/3.29/4.7.
129) 『일기①』 1606.4.14/5.11/11.7.
130) 『일기②』 1645.3.9/4.28/5.9/5.15/5.18/5.19/5.24/6.24/윤6.26.
131) 『일기②』 1645.3.16/윤6.5/윤6.10.
132) 『일기①』 1606.4.21/4.22/4.23.
133) 선은 술을 담는 그릇의 단위로서 두 되[二升]에 해당되는 용기이다. 다만 고려할
     것은 조선조의 용기의 용량이 오늘날과는 달랐다는 점이다. 오늘날 한 되의 용량

어 식후에 다시 붙은 2차 시합에서는 출신군관이 통쾌하게 승리하여 토착 군관 측에서 술 20선을 내었다[134] 고위 관직자의 경우에는 더 큰 것을 걸고 내기를 하기도 하였다. 북병사와 길주목사는 소 한 마리를 걸고 시합을 벌인 바 있는데, 북병사가 47발을 명중시키고, 길주목사가 48발을 명중시켰다. 이에 북병사는 즉시 큰 소 한 마리를 잡아 종일 잔치를 벌이며 군관들의 사기를 진작시키기도 하였다.[135]

활쏘기할 때 상관들이 술상을 차려 보내주어 격려하는 것도 일기에 자주 눈에 띈다. 사실 당시 활쏘기에서 술은 떼놓을 수 없는 것이었다. 오히려 국가적 차원에서 권장하던 것이기도 하였다. 금주령이 내려진 상황에서도 거의 유일하게 예외로 인정되던 곳이 활쏘기 터였다. 1576년(선조 9) 사헌부에서 "기근이 계속되던 끝에 봄 가뭄이 또 심하니 야외에 술병을 가지고 다니는 것을 일절 금하라."라고 건의한 데 대해 선조는 "금단禁斷하는 일은 아뢴 대로 하되, 그러나 활 쏘는 곳에서는 금하지 말라."라고 하여 특별히 활쏘기에 대해서는 예외를 인정하였다.[136] 성종 같은 군주는 한술 더 떠서 활쏘기를 못 하는 것이 술기운이 없어서라고 하면서 활쏘기를 할 때 술을 적절하게 마실 것을 권장하기도 하였다. 성종은 "무릇 활쏘는 것은 모름지기 술기운이 있어야 능히 잘 쏘게 되는 것인데, 술을 금한 것은 소비가 많기 때문이다. 활을 쏘고 술을 마시되, 기운에 적당하여지도록 하고 그치면 무엇이 해롭겠는가?"라고 자신의 소회를 밝힌 바 있다.[137]

일기에 나타나는 군관들의 활쏘기 실력은 어느 정도 되었는지를 살펴보자. 활쏘기 실력은 군관들 사이에도 편차가 있었겠음은 충분히 짐작되는 일이다. 실제로 실력에 따라 등급을 나누어 시합한 예가 있어 이해에 도움

은 2리터인데, 조선조에서 한 되의 용량은 대략 0.6~0.7리터 정도였다. 따라서 1선의 용량은 요즘 되로 환산한다면 2/3되 정도의 양이었다.

134) 『일기②』 1645.3.29.
135) 『일기②』 1645.10.14.
136) 『선조실록』 10, 9년 3월 19일 임자.
137) 『성종실록』 91, 9년 4월 22일 계축.

이 된다. 한번은 군관들의 활쏘기 시합을 할 때 실력에 따라 3등급으로 나누어 각 등급끼리 실력을 겨루게 한 경우가 있었다.[138] 등급을 나눌 때는 상재는 중재 편에 들고자 하고 중재는 하재 편에 들려고 하여 서로 다툼이 그치지 않아 결국 최상급인 병사가 직접 등급을 나누어주어야 하였다.

시합에서 나타나는 일등 솜씨를 가진 무인들의 활 실력은 다음의 두 예에서 잘 드러난다. 한 예는 회령부사를 모시고 군관들끼리 활쏘기를 하는 자리였는데, 마침 개시開市 무역으로 인해 회령에 와있던 청의 차사差使도 구경차 입회하였다. 10순 즉 50발을 쏘아 박취문과 토착군관 허정도가 나란히 50발을 다 맞추었다. 당시 조선에서는 과녁의 어디든 맞으면 명중으로 간주하였다. 그런데 쏘는 것마다 과녁에 다 명중하니, 보는 재미가 없다면서 지금부터는 과녁 가운데에 있는 검은 부분 즉 정곡正鵠을 맞춘 것만 인정하자는 차사의 제의를 받아들여 다시 10순을 쏘았다. 역시 박취문과 허정도가 50발을 과녁에 명중시킨 가운데, 정곡에는 박취문이 46발, 허정도가 44발을 명중시켰다.[139]

편을 갈라서 시합을 하는 편사의 경우에는 정곡이나 변을 구별하지 않고 과녁에 맞으면 명중으로 간주하였다.[140] 관과 변을 구별하여 점수를 줄 때는 같은 명중이더라도 정곡에 맞았을 때는 2분, 변에 맞았을 때는 1분의 점수를 주어 합산하였다. 이 방식을 따라 점수를 계산한다면 박취문은 정곡에 맞춘 것이 46발이어서 92분, 변에 맞춘 것이 4발이어서 4분으로 총 96분의 경이로운 점수를 받는 셈이다. 활을 잘 쏜 군주로 알려진 정조의 경우 유엽전 10순을 쏘아 49발을 명중시킨 예가 1792년 10월에서 12월에 걸쳐 9차례 있었는데, 마지막 화살을 일부러 명중시키지 않고 버렸기 때문

---

138) 『일기②』 1646.1.18.
139) 『일기②』 1646.6.14.
140) 이중화, 『조선의 궁술』, 조선궁술연구회, 1929, 65쪽. "남자 한량 획창은 다만 변이라 함은 편사에 관변을 구별하지 아니하는 연고이나, 기생 획창에는 변이라 함은 없고 일자살로 오자살까지 맞기만하면 관중이라 하여 ……"

에 실제로는 모두 명중시킨 것이나 마찬가지였다. 그때의 점수는 최하 68
분에서 최고 80분에 걸쳐 있었다.[141]

또 한 예는 박취문이 행영에서 근무할 때 병사를 위시하여 근처 수령들
을 모신 자리에서 군관들끼리 한 활쏘기 시합의 경우였다. 이 시합에서 첫
10순을 쏘았을 때 박취문과 이시복·김낙 등 3명이 50발 명중이었다. 우열
을 가리기 위해 다시 10순을 쏘았는데, 박취문과 이시복이 또 50발 명중이
었다. 다시 또 10순을 쏘았으나 두 사람 모두 또 50발 명중이었다. 마지막
으로 10순을 또 쏘았을 때, 박취문이 제 8순 5번 화살을 명중시키지 못해
49발 명중으로 아깝게 패하였다. 그러나 박취문은 30순이상, 정확하게는
38순의 4번째 화살까지 즉 189발까지는 연속으로 명중시킨 것이었으니, 가
히 신궁의 경지였다고 할 수 있다. 물론 군관 이시복은 200발 연속 명중으
로 그 이상의 실력자였다.[142]

위의 두 사례에서 우열을 다툰 군관들은 활쏘기 분야에서 최고 실력을
갖춘 무인이었다. 그렇다고 하여 그와 같은 인물들이 회령이나 경성에만
특별히 있었던 것이 아니었다고 생각한다. 각 지역의 시합에 나가서 우승
을 다투는 군관은 거의 이와 비슷한 정도의 실력을 갖추고 있었다고 보는
것이 옳을 것이다.

한편 시합에 참여한 군관 중 꼴찌에 해당하는 자들의 실력을 살펴보는
것도 군관의 활쏘기 실력을 가늠할 수 있는 한 방법이다. 꼴찌들의 구체적
성적이 나와 있는 경우가 많지는 않지만 몇 사례가 제시되어 있다. 박취문
의 일기 중에 1645년 5월에 있은 한 시합에서 꼴찌였던 군관 김신의 성적
은 50발 중에서 43발을 명중시킬 정도의 괜찮은 성적이었다.[143] 12월에 군

---

141) 김문식, 「정조의 활쏘기 기록」, 『문헌과 해석』 21, 2002, 76~77쪽. 『한국의 활과
    화살』(육군사관학교 육군박물관, 1994), 117~118쪽에는 49발 명중에 78분, 45발
    명중에 57분, 49발 명중에 76분, 49발 명중에 77분의 성적을 낸 정조의 기록지가
    제시되어 있다.
142) 『일기②』 1646.1.21.

관들끼리 4명씩 편을 갈라 시합했을 때 8명의 성적이 모두 나와 있는데, 50발 명중이 2명, 49발·48발·47발이 각각 1명, 45발이 2명, 43발이 1명으로 꼴찌의 성적이 역시 43발이었다.[144] 그리고 1646년 새해에 경성 북병영의 군관들이 북병사 입회하에 활쏘기 시합을 하였는데, 꼴찌였던 군관 강성일 과 김여해의 성적도 역시 43발을 명중시킨 성적이었다.[145] 1645년 6월 군 관들끼리의 시합에서는 과녁 중간의 흑점인 정곡에 명중시킨 것만을 인정 하는 조건을 내걸었는데, 꼴찌였던 군관 박경간의 성적이 50발 중 35발을 정곡에 명중시킨 우수한 성적이었다.[146]

이처럼 큰 규모의 시합이든 작은 규모의 연습 삼아 한 시합이든 간에 시 합에 참여한 군관들의 활쏘기 솜씨는 50발을 쏘아서 40여발 이상을 명중 시키는 실력이었다.[147] 군관들의 활쏘기 실력이 상당히 뛰어났음을 짐작 할 수 있다.

물론 무인 중에도 솜씨가 신통치 않아 아예 시합에 참여하지 못한 사람 도 있었다. 박계숙의 일기에는 보을하진에 도착한 지 며칠 되지 않은 박계 숙 일행 7명과 이미 도착해서 근무하고 있던 일당백장사 7명이 편을 나누 어 활쏘기 시합을 벌인 사실이 쓰여 있는데, 그때 박계숙과 함께 경상도에 서 부방한 일당백장사 이덕붕과 김협은 본래 활쏘는 재주가 없어서 시합 에 참여하지 않았다고 기록되어 있는 부분이 있다.[148]

활쏘기 시합은 편을 갈라 시합했을지라도 개인기록이 나오게 되어 있는

---

143) 『일기②』 1645.5.9.
144) 『일기②』 1645.12.6.
145) 『일기②』 1646.1.1.
146) 『일기②』 1645.6.14.
147) 참고로 『난중일기』에는 이순신의 활쏘기 상황이 나와 있는데, 그 중에는 구체적 인 점수가 기록되어 있는 경우가 가끔 있다. 1592년 3월 28일조에 보면 이순신이 10순을 쏘아 5순은 5섯 발씩 모두 명중시켰고, 2순은 네 발씩 명중시켰으며, 3순 은 세 발씩 명중시킨 것으로 나와 있다.(『교감완역 난중일기』, 61쪽) 이순신은 50 발 중 42발을 명중시킨 것이다.
148) 『일기①』 1606.1.26.

경기였다. 이에 참가자 중 제일 잘 쏜 사람에게는 두둑한 상을 주어 격려
하는 것이 상례였다. 이때 상을 주는 사람은 보통 그 자리의 최고 상급자
였다. 더러는 장난기가 동한 상급자가 재미 삼아 너무 잘한 죄를 묻는 일
도 있었다. 박계숙의 일기에 의하면 4월의 어느 날 회령에서 열린 인근 지
역 무인들의 활쏘기 시합에 마침 병마우후도 와서 참가하고 있었는데, 참
가자 중에 박계숙이 유일하게 50발을 명중시키는 우수한 성적을 거둔 바
있었다. 이에 우후가 말하길 "우리는 모두 50발을 명중시키지 못했는데,
네가 어떤 자이기에 감히 50발을 명중시키느냐? 그 벌이 없을 수 없다."라
고 하면서 뜰 아래로 붙잡아 내려서 기생을 시켜 살짝 볼기를 때리는 시늉
을 하고는 다시 대청 위로 붙잡아 올린 다음 큰 잔으로 술 석 잔을 마시게
했다. 그러고는 우후 자신이 줄 수 있는 최대한의 상금을 내려주면서 격려
하였음은 물론이다. 이때 우후는 회령부사에게 청하여 쌀 10두, 좁쌀 1석,
콩 1석을 공식적인 상금으로 박계숙에게 주었다. 그런 뒤 우후는 쓸 곳이
있다고 하면서 회령부사에게 따로 귀리 5석, 보리 5석, 콩 1석이 적힌 체지
帖紙를 받아 또 박계숙에게 건네주면서 크게 격려하였다.[149]

　박계숙과 박취문의 일기에는 활쏘기를 잘하여 상을 받았던 사실이 자세
히 기록되어 있다. 그들이 상을 받을 때의 성적과 상을 준 사람, 그리고 상
으로 받은 물건을 일별하면 다음 <표 5>와 같다.

〈표 5〉 박계숙·박취문이 활쏘기로 받은 상의 상황

연월일	받은사람	준사람	상물	성적
1606.4.4.	박계숙	보을하진 첨사	좁쌀 1석, 콩 1석	우승
1606.4.14.	박계숙	병마우후	쌀 10두, 좁쌀 1석, 콩 1석 귀리 5석, 보리 5석, 콩 1석	1등, 50발 명중
1606.4.28.	박계숙	회령부사	세포 1필, 좁쌀 1석	6량전 3발 명중

---

149) 『일기①』 1606.4.14.

1606.7.20.	박계숙	보을하진 첨사	큰 항아리 4개, 돗자리 4장, 땅에 까는 깔개 1장, 좁쌀 1석, 콩 1석, 귀리 5석, 누룩 30덩어리	1등
1645.6.14.	박취문	회령부사	환부채 1자루, 참빗 1개	1등, 50발 명중
1645.윤6.5.	박취문	북병사	술 한 주발	50발 명중
1645.7.18.	박취문	前兵使	쌀 5두, 좁쌀 1석, 콩 1석, 귀리 5석	1등, 50발 명중
1645.7.24.	박취문	북병사	고운 무명 1필, 어분거 1부, 콩 1석, 좁쌀 1석	1등, 50발 명중
1645.9.15.	박취문	북병사	씨 제거한 목화 5근, 고운 무명 2필	1등, 50발 명중
1645.12.28.	박취문	북병사	좁쌀 23두	정곡 명중 23발
1646.1.1.	박취문	북병사	씨 제거한 목화 3근	1등, 50발 명중
1646.1.21.	박취문	북병사	6승포 3필, 씨 제거한 목화 2근, 쌀 5두, 좁쌀 1석, 콩 1석	2등, 30순 150발 명중

1등을 하였거나 50발을 모두 명중하였음에도 상으로 받은 물건은 기록하지 않은 때도 있었으니 실제 상을 탄 횟수는 표에 나타난 것보다 많았을 것이다.

상을 주는 사람은 대개 그 자리의 최상급자였기 때문에 박계숙의 경우는 보을하진첨사나 병마우후 등으로부터 상을 받았고, 박취문의 경우는 회령에서 부방할 때는 회령부사, 병영에서 복무할 때는 주로 병사로부터 상을 받았다. 상으로 받은 물품은 쌀, 좁쌀, 콩, 귀리, 보리 등 곡물류가 주종을 이루고 있다. 그 외에 목화나 베도 자주 주어졌던 품목이었다. 상금의 액수는 시합의 경중이나 대소에 따라 차이가 있어 일률적으로 말할 수는 없다. 상으로 받는 현물은 주로 체지 형태로 주어지는 것이 상례여서 나중에 이 체지를 관청 창고로 가지고 가서 현물과 교환하는 형태를 취하였다.

군관들은 상으로 받은 물건을 당연히 살림에 보태었다. 일부는 친분이 두터운 기생들에게 선심을 쓰기도 하였다. 박계숙은 1등 상으로 큰 항아리 4개, 돗자리 4장, 땅에 까는 깔개 1장, 좁쌀 1석, 콩 1석, 귀리 5석, 누룩 30덩어리를 받은 적이 있었는데, 며칠 뒤 그중에서 돗자리와 땅에 까는 깔개

는 회령 기생 삼상월에게 보내주었으며, 얼마 뒤 큰 항아리 2개를 또 보내
준 바 있었다.[150] 박취문도 활쏘기 시합에서 1등을 하여 북병사로부터 받
은 쌀 5두와 좁쌀 2석을 친분이 있던 기생인 월매와 설매에게 나누어 주었
고, 또 회령부사에게 받은 흰부채 한 자루와 참빗 한 개를 월매에게 준 바
있었다.[151] 또 박취문은 50발을 명중하여 상으로 받은 벚나무껍질 10장을
생선과 바꾸어 먹은 적도 있었다.[152]

　흥미로운 것은 시합에 진 벌칙의 내용이다. 시합에 진 편의 꼴찌는 그에
상응하는 대가를 항상 치러야 하였다. 심한 경우 곤장을 맞기까지 하였다.
박계숙의 일기에 의하면 보을하진첨사가 주장이 된 무사 팀과 박계숙이 주
장이 된 남래장사南來壯士 팀이 활쏘기 시합을 벌인 적이 있었는데, 이틀에
걸쳐 이루어진 3번의 시합에서 보을하진첨사 팀이 모두 패하였다. 이에 극
도로 감정이 격해진 첨사는 둘째 날 두 번의 시합에서 모두 꼴찌를 한 자기
팀의 토착군관 서기충에게 곤장 5대를 때리는 벌칙을 가한 바 있었다.[153]

　또 한 예는 박취문의 일기에서 회령과 종성의 군관들이 편을 나누어 시
합하였는데, 회령 쪽이 크게 패하자 자존심이 상한 회령부사가 크게 부끄
러워하면서 꼴찌를 한 군관 박완성에게 곤장 3대를 때린 바 있었다.[154] 아
마 회령의 명예가 실추된 것을 질책한 것이었다고 생각된다. 어쨌든 이는
승부욕이 지나치게 강하게 표출된 특별한 경우였다. 시합 중 과녁을 향해
쏜 화살이 공교롭게도 날아가는 새에게 맞아서 떨어져 버린 경우가 있었
는데, 이를 명중으로 인정할 것인가의 여부를 두고 다툼이 일어난 것도 과
열된 열기의 한 단면을 보여주는 사례이다. 정작 활을 쏜 군관보다는 그들
의 상관인 북병사와 길주목사가 다툼의 주역이었다. 명중으로 인정받지 못

---

150) 『일기①』 1606.7.20/7.26.
151) 『일기②』 1645.3.16/3.20/3.21/6.14.
152) 『일기②』 1645.4.26.
153) 『일기①』 1606.4.4.
154) 『일기②』 1645.3.9.

하더라도 박취문은 48발 명중, 상대는 47발 명중으로 승부에는 관계가 없었기 때문에 다툼은 마무리되었다.[155]

꼴찌에 대한 벌칙은 대개 광대 옷을 입혀 절을 하게 하거나 춤을 추게 하여 희롱하는 것이 상례였던 듯하다.[156] 광대 옷이나 군뢰복을 입혀 화살을 줍게 하기도 하였다.[157] 때로는 그 방직기에게 꼴찌 한 책임의 일단을 물어 같이 희롱하기도 하였다. 예컨대 꼴찌를 한 군관의 방직기에게 광대춤을 추게 하거나 군관과 함께 광대춤을 추게 하였다.[158] 또는 꼴찌를 한 군관 대신 그 방직기에게 족장足杖을 가한다고 으름장을 놓으면서 술을 내게 하기도 하였고, 광대 옷을 입힌 방직기를 소의 등에 태우고 꼴찌를 한 군관에게 끌게 하기도 하였다.[159]

155) 『일기②』 1645.8.20.
156) 『일기①』 1606.7.20 ; 『일기②』 1645.4.7/6.14/7.24/12.30/1646.1.18.
157) 『일기②』 1645.5.9.
158) 『일기②』 1645.7.26/1646.1.21.
159) 『일기②』 1645.5.23/12.28.

11장 조총의 제작

박취문은 북병영의 군관으로서 행영에서 복무할 때 조총 제작의 책임을 맡아 임무를 수행하였다. 그의 일기에는 조총 만드는 데 동원된 인력과 조총 만드는 공정이 간략하나마 기록되어 있어 17세기 중엽 조총 제작과 관련한 내용을 살피는 데 도움을 주고 있다.

많은 군관 중에서 부방 기한이 얼마 남지 않은 박취문에게 굳이 조총을 만드는 중대한 일의 책임을 맡긴 것은 북병사의 깊은 신임에 기인하였다.[160] 일을 맡은 지 한 달도 채 되지 않아서 함께 왔던 출신군관 김사룡 등은 복무를 끝내고 방환되었다.[161] 하지만 박취문은 병사의 특명으로 복무 기간을 연장하게 되었다. 그의 연장 근무를 위로한답시고 북병사는 동향의 박이돈과 이석로까지 복무 기간을 연장해버리는 어처구니없는 조치까지 마다하지 않았다.[162]

1645년 10월 29일 박취문은 공방工房의 책임을 맡게 되었다. 그리고 다음날 특별히 조총을 만드는 책임까지 더하게 되었다. 그 상황을 일기에는 다음과 같이 기록하고 있다.

> 또 조총별조감관鳥銃別造監官을 맡게 되었다. 군기청에서 또 장무掌務를 맡게 하였다. 부방의 기한이 거의 다 되었는데, 조총 400자루를 만드는 일은 결코 한두 달 내에 완전히 끝마칠 수 있는 역이 아니었다. 조총별조감관과 공방감관의 임무를 전부 교체해달라는 일로 진정하니, "마

---

160) 『일기②』 1645.11.21.
161) 『일기②』 1645.11.27.
162) 『일기②』 1645.11.21. 이에 어유간에서 복무를 마친 이석로(이확의 개명한 이름)는 행영으로 와서 연장 복무하게 되었고, 여기서 그는 방직까지 새로 얻었다.(『일기②』 1645.11.26.)

땅히 청에 따라 계책을 마련할 터이니 여러 소리 하지 말고 물러가서 임무를 살펴라. 내일부터 장인들 가까이 거주하면서 일을 시작해라. 400자루를 다 만들고 나면 즉시 방환해 주겠다."라고 하였다. 종일 하소연해 마지않고 울기까지 하였으나 관아에 들어오지 못하게 하니, 다시 호소할 길이 없어 다만 눈물만 흘릴 뿐이었다.

조총 400정을 만드는 것을 목표로 일단 일을 시작할 수밖에 없었다. 박취문은 일이 시작된 이후로는 총을 만드는 감역소에서 숙식을 하면서 업무에 전념하였다.[163] 어쨌든 목표한 총을 다 만들면 방환될 수 있기 때문이었다. 박취문으로서는 온 힘을 기울였다.

처음 확보된 장인匠人은 쇠를 달구어 두드리는 야장冶匠 18명, 쇠붙이를 갈고 닦는 연마장鍊磨匠 9명, 금속 장식을 만드는 두석장豆錫匠 6명이었다. 얼마 뒤 행영 근처의 장인이 추가로 배치되었고,[164] 며칠 뒤에는 경성 병영의 장인도 합세하였다.[165] 조총을 만드는 데 드는 쇠의 양은 한 자루당 정철正鐵 14근 정도였다.[166] 공정은 쇠를 두드리는 타조打造 과정, 구멍을 뚫는 찬혈鑽穴 과정, 매끄럽게 만드는 연마鍊磨 과정, 장철莊鐵을 주련鑄鍊하는 과정, 마지막으로 가목家木을 만들어 결합하는 과정 등 5단계를 거치면서 완성되었다.[167]

박취문은 장인들이 게으름을 피우면 색리·고직·수청군뢰·사령 등까지도 검찰하지 못한 벌로 처벌을 가하였다. 심지어 새해 하루만이라도 장인들에게 말미를 주라는 북병사의 권유까지도 거절하면서 지독하게 독려할 정도였다.[168] 다음은 1645년 12월 30일 일기의 내용이다.

---

163) 『일기②』 1645.11.6.
164) 『일기②』 1645.11.2.
165) 『일기②』 1645.11.8.
166) 『일기②』 1645.11.3.
167) 『일기②』 1645.11.10.
168) 『일기②』 1645.12.30.

　　조총 97자루를 완성하여 품질을 시험했다. 장인들이 일제히 나와 휴가를 좀 줄 것을 하소연하였다. 내가 큰 소리로 그것을 꺾으면서 막중한 큰일을 하는데 결코 휴가를 줄 수 없다는 뜻으로 말하였다. 병사가 말하길 "나는 말미를 주고 싶지만 해당 감독관의 말이 이와 같으니 말미를 줄 수 없다."라고 하면서 5명당 술 한 동이와 쇠고기 한 척隻씩을 특별히 내려주면서 나누어 먹고 열심히 근무하도록 하였다. … 이에 또 하소연하기를 "너무 잦은 벌을 당하여 견디기가 어려우니 때리는 것을 좀 그만하라는 것으로 해당 감독관에게 분부해 주십시오."라고 여러 사람이 소원하였다. 병사가 웃으며 말하길 "몇 대씩 때리는가?"라고 물으니, "혹은 두 대씩 혹은 세대씩입니다."라고 하였다. 병사가 말하길 "일을 태만하게 하는 자에게 벌을 가하는 것은 당연하다. 때리라는 명령은 내가 해당 감독관에게 분부한 것이다. 두세 대 때리는 것은 도리어 너무 적으니 일을 게을리하는 자는 비록 죽여도 무방하다. 더는 여러 소리 하지 말고 빨리 나가서 일하도록 해라."라고 하였다.

　　그렇게 열심히 몰아붙인 결과 1645년 11월 13일 처음으로 7자루를 완성하여 성능을 시험하였는데 성공이었다. 11월 20일 조총 14자루를 완성하여 성능시험을 하였다. 잇달아 완성되는 총의 성능을 시험하였다. 12월 1일에 59자루, 12월 30일에 97자루에 대한 성능시험을 끝냈다.[169] 이듬해인 1646년 1월 24일 총결산을 하게 되었다. 3개월에 걸쳐 만든 총이 완성 총 187정, 미완성 총 98정, 사냥총 3정 등 총 288자루에 이르렀다.[170] 사냥용 조총은 북병사에게 선물한 것이었다. 북병사는 화포장을 시켜 품질을 점검하고 자신도 직접 쏘아 보면서 정교함이 왜총과 다를 것이 없다며 크게 기뻐하였다.[171]

　　목표였던 400정 제작을 달성하지 못하고 288정으로 작업을 마무리 짓게

---

169) 『일기②』 1645.11.20/12.1/12.30.

170) 『일기②』 1646.1.24.

171) 『일기②』 1645.12.28. 일기에 '行山銃'이라 되어 있는 것은 『일기②』 1646년 1월 24일조에 山行銃으로 나오는 것으로 미루어 誤記임이 분명하다.

된 것은 확보한 쇠가 모두 소진되었기 때문이었다. 만들려고 해도 만들 재료가 없게 된 것이다. 철광석을 녹여서 쇠를 제련하는 작업은 따뜻한 봄이 되어야 가능한 일이었다. 북병사도 더는 붙잡기 어려웠고, 박취문은 비로소 방환될 수 있었다. 북병사는 그동안 수고를 아끼지 않은 박취문을 선전관 후보로 천거하는 호의를 베풀었다.[172]

---

172) 『일기②』 1646.1.21.

12장 회령의 개시 무역

회령개시會寧開市는 청과 무역하기 위하여 회령에 개설된 무역 시장이었다. 청은 자신들이 필요로 하는 물자를 명 대신 조선에서 확보하고자 하였다. 정묘호란 직후에는 압록강변에서 중강개시를 열었고, 병자호란 직후에는 두만강변에 개시를 열게 되었다. 조선은 경제적 손실을 무릅쓰고 개시를 설치할 수밖에 없었는데, 두만강변의 국경을 안정화하는 데는 기여하는 바가 있었다. 회령개시는 병자호란 직후인 1638년(인조 16)부터 설치되었다. 박취문이 회령에서 부방한 해가 1645년이니, 회령개시가 설치된 지 얼마 되지 않은 시점이었음을 알 수 있다.

개시는 청에서 파견된 관원과 조선 관원인 회령부사가 함께 감독하였다. 주된 교역 물품은 소, 무명, 베, 백지, 솥, 쟁기, 소금 등이었다. 후일의 상황을 담은 『만기요람』에 따르면 회령개시에서 거래되는 물품의 정해진 액수는 소 114마리, 보습 2,600개, 소금 855석이었다.[173] 이는 모두 회령을 위시한 함경도 각 군현에서 마련하였다.

박취문의 일기에는 1645년 6월 8일부터 6월 26일까지 20일 남짓 열린 개시의 전후 상황이 개략적으로 기록되어 있다. 청의 관원이 두만강을 건너오기 시작한 5월 25일부터 개시를 마치고 건너간 윤6월 2일까지 다 합치면 40일 정도되는 기간이었다. 일기에 나오는 개시 관련 내용을 일별하면 다음과 같다.

> 5월 25일 ; 부사와 판관이 활쏘기 시합을 위해 우리 군관 8명과 함께 보
> 을하진으로 갔다. 활 5순 정도를 쏠 무렵에 청의 차사가 이미

---

173) 『만기요람』, 「재용편」 5, 北關開市, 會寧市市供總數.

변경을 넘어 도달했다는 기별이 왔다. 즉시 말을 달려 돌아
왔다. … 보을하진첨사가 접대하기 위해 또한 말을 달려 도
착하였다. 청나라 사람 4명이 먼저 이쪽 변경으로 넘어왔는
데, 접대 후 저녁 무렵에 월경하여 돌아가고자 하였다.

26일 ; 내가 전어장傳語將에 차정되어 배패陪牌 10명을 이끌고 말을
타고 해가 뜨기 전에 강변으로 나아가서 말을 전하였다. 오후
에 청의 차사가 강을 건너오자 고령진첨사가 접대한 후 오후
4시경에 회령부로 들어오는데 회령부사가 맞이하러 나갔다.

27일 ; 부사가 와서 청나라 차사를 뵈었다. 이에 술상을 차리고 서로
술 석 잔씩을 마신 후에 파하였다. 백별선白別扇 2자루와 곶
감 1접, 곱게 썬 담배잎인 지삼枝三 32갑, 남초南草 2봉지를
주었다.

28일 ; 또 가서 뵈었다. 또 흰 부채 2자루와 참빗 1개를 구하니, 판관
처소에서 흰 부채 2자루와 참빗 1개를 주었다.

29일 ; 병영군관 차계종이 청 차사를 문안하기 위해 왔다.

30일 ; 오후에 부사와 판관, 보을하진 첨사가 청 차사를 뵙고 술자리
를 마련했다.

6월 1일 ; 고령진첨사가 와서 청 차사를 뵙고 저녁에 돌아갔다.

3일 ; 청인이 연회를 열었다.

4일 ; 박이돈이 토착군관 등에게 말하기를 "너희들이 청인을 대접
하는 것이 너희 부모형제를 대하는 것과 다름이 없구나."라
고 하니 그자들이 크게 노하여 하루종일 힐난하므로 여러 가
지로 개유하였으나 화를 풀기가 어려웠다.

5일 ; 병사가 청암靑巖, 수성輸城, 원산元山을 거치는 지름길로 해서
바로 행영으로 갔다. 부사가 병사와 만나 뵙고 상의하기 위
해 몰래 원산으로 갔다가 그날 즉시 돌아왔다.

7일 ; 부사가 청 차사를 만나서 매매와 관련한 말을 주고받을 때
서로 다투었다. 병사의 군관 김락이 왔다.

8일 ; 부사가 청 차사를 만나 술상을 낸 후에 개시를 시작하였다.

9일 ; 행영에 거주하는 동방同榜 급세사 류산보가 함경도 감영의
군관인양 청나라 사람들을 문안했다.

13일 ; 경원에 사는 병영군관 동방 급제자 김녑이 병영의 물화를 무역하기 위해 왔다.

14일 ; 부사가 남문루에서 활쏘기를 하였는데 청 차사 등도 역시 와서 구경하였다. 나와 허정도는 50발을 명중시켰다.

16일 ; 박경간과 더불어 가서 청 차사를 뵈었다. 술을 권하여 소주를 큰 주발로 한 잔 마시고 취하여 돌아왔다.

20일 ; 개시에 난잡한 일이 있어 나와 박이돈이 별금난장別禁亂將으로 차정되었다.

26일 ; 바람이 크게 불었고 비가 많이 와서 큰물이 졌다. 개시가 끝이 났다.

윤6월 2일 ; 청나라 사람이 강을 건너 돌아갔다.

일기에는 박취문의 관심 대상이 된 내용만 제한적으로 기록되어 있어서 당시 열린 개시의 전모를 파악할 수는 없다. 다만 앞서 살핀 개시가 열린 시기와 기간은 정확하게 파악할 수 있었다. 그리고 북병사가 경성에 있다가 개시에 맞추어 행영으로 올라온 점, 병영의 군관이 물화를 교역하기 위해 분주히 오고 간 상황, 회령부사가 개시를 앞두고 북병사와 비밀리에 회동한 사실, 회령부사와 청 차사 사이에 개시와 관련하여 의견 충돌이 발생하여 서로 다툰 사실, 병영의 군관이 감영의 군관인 체하면서 무역에 관여한 점, 개시가 열리는 동안 난잡한 일이 발생하였고 이를 방지하기 위해 별금난장이 배치된 점 등의 사실을 확인할 수 있다.

무엇보다 일기에는 출신군관과 토착군관 사이에 청을 바라보는 시각과 인식의 차이를 확인할 수 있는 대목이 실려있어 눈길을 끈다. 바로 출신군관 박이돈이 토착군관들을 싸잡아 '부모형제 대하듯 청인에게 저자세로 굽신거린다'는 점을 지적한 데 대해 토착군관들이 발끈하며 노하여 하루 종일 힐난한 대목이다. 그리고 박취문이 토착군관들을 '오랑캐 밥을 빌어 먹는 도적놈'으로 매도한 데 대해 토착군관들이 군관청 차원에서 처벌한 대목이다.174)

병자호란의 굴욕을 당한 지 몇 년 지나지 않은 시점에서 혈기왕성한 젊은 출신군관의 처지에서는 청인에게 필요 이상의 저자세로 임하는 토착군관이 일견 비굴하게 느껴졌던 것이다. 그리고 토착군관의 처지에서는 무역하는 이 기회에 경제적인 이득을 한몫 챙기려는 현실적인 생각을 한 것으로 짐작된다. 각자가 처한 환경과 처지에서 서로 다른 시선으로 현실을 마주하던 모습에 여러 가지 생각이 들게 하는 대목이다.

---

174) 『일기②』 1645.윤6.26.

13장 과거시험의 그림자

박취문은 군관 중에서 시를 지을 수 있는 능력을 갖춘 몇 안 되는 사람 중의 한 명이었다. 그는 경성의 북병영에서 복무하던 중 상관인 북병사의 부탁으로 다른 사람의 과거 시험을 대신 쳐주는 일에 동원되었다. 1645년 8월 3일부터 동료 출신군관인 이석로·최원립과 함께 온종일 제술 시험 준비에 몰두하였다.[175] 실제로 시를 대신 지어주는 것으로 미루어 진사시 초시를 겨냥한 것으로 짐작된다.

박취문이 대리할 사람은 경흥에 거주하는 김연일이라는 자였는데, 북병사가 경흥부사 시절에 극히 아꼈던 사람이었다. 며칠 뒤인 8월 11일에 열린 과거에서 박취문은 시를 대신 지었다. 그다음 북병사의 군관으로 서울에서부터 따라온 사자관寫字官 백예원이 정서하여 제출하였다. 이 시험에서 김연일은 6등으로 합격하였다. 또 박취문은 경성의 별감인 최계망의 아들을 위해서도 시를 대신 지어 주었었는데, 그 아들은 합격권에 들지 못하였다. 이러한 사실로 미루어 볼 때 함께 제술 시험을 준비하였던 이석로와 최원립도 대리시험이라는 과거 부정에 동원된 것이 확실하다.[176]

> 8월 3일 ; 아침에 10순을 쏘았다. 식후에 이석로, 최원립과 함께 쇄련당
> 鎖蓮堂에 들어가 제술공부를 하였다.
> 4일 ; 또 제술공부를 하였다.
> 5일 ; 또 제술공부를 했다.
> 7일 ; 대나무를 발처럼 엮은 어살로 물고기를 잡는 곳에 갔다가 저
> 녁에 돌아왔다. 또 제술공부를 하였다.

---

175) 『일기②』 1645.8.3.
176) 『일기②』 1645.8.11.

8일 ; 또 제술공부를 하였다.

9일 ; 또 제술공부를 하였다. 종성부사가 시관으로 도착하였다. 신임 우후 윤정준尹廷俊이 도착하였다. 도사都事 또한 왔다. 수성輸城 찰방 또한 시관으로 도착하였다. 저녁에 또 제술 공부를 하였다.

10일 ; 병사가 시관과 더불어 연회를 열었다. 또 제술공부를 했다.

11일 ; 개장하였다. 시제는 '설중화자초군서雪中畫字草軍書'였다. 시를 지어 백예원白禮元으로 하여금 정서하도록 하였다. 날이 어둑어둑해져서 제출하였다. 경흥에 사는 김연일金鍊一이 삼하三下의 성적으로 6등으로 합격하였다. 김연일은 병사가 경흥 부사로 있던 시절에 극히 아꼈던 사람이다. 백예원은 서울 다방동에 사는 사자관寫字官인데, 병사가 군관으로 데리고 온 자였다. 또 시를 지어 최계망의 아들에게도 주었는데 합격하지 못하였다.

그 뒤 과거시험과 관련한 내용이 또 한 번 일기에 등장한다. 1645년 10월에 온성에서 열리는 시험이었는데, 어떤 종류의 시험이었는지는 분명하지 않으나 초시인 것은 분명하였다. 이때 박취문은 북병영의 군관으로서 과거시험장을 관리하는 임무를 띠고 동료 군관과 함께 온성으로 갔었다. 이 시험에서 북병사의 서제庶弟가 1등을 하였고, 부령부사의 조카가 2등으로 합격하였다. 초시였기 때문에 등위가 중요한 것은 아니었지만 북병사의 동생과 부사의 조카가 1·2등을 한 것은 사람들의 입방아에 오르기에 십상이었다. 박취문은 이 점에 대해 문제를 제기하였으나, 받아들여지지 못하였다. 일기에는 다음과 같이 기록되어 있다.

10월 2일 ; 과거 시험 차비관으로서 선달 방호생, 조경직, 이석로가 함께 출발하여 부령에서 숙박하였다.

3일 ; 부령부사의 조카 엄태구도 과거 응시생으로서 같은 길을 가게 되어 회령에서 숙박하였다.

4일 ; 행영에서 숙박하였다. 엄태구는 과거 시험을 치르는 온성穩城
　　　시험장으로 먼저 갔다.

5일 ; 온성에 도착하였다. 김여해는 이미 도착해있었다. 김여해는
　　　병사의 서제庶弟이다.

6일 ; 머물렀다. 시관인 병마우후와, 명천부사, 길주목사가 모두 도
　　　착하였다.

7일 ; 개장하였다.

8일 ; 온종일 시험을 쳤다.

9일 ; 오후에 시험을 마친 즉시 방을 부쳤다. 장원은 김여해였고,
　　　2등은 엄태구였다. 내가 말하기를 "북병사의 서제가 장원을
　　　하고 부령부사의 조카가 2등을 하였으니 다른 사람들의 말
　　　이 심히 두렵다. 본도인本道人에게 장원을 주는 것이 마땅하
　　　다."라고 하니, 명천부사 윤창구는 "박모의 말이 심히 옳다."
　　　라고 하였다. 상시관上試官인 병마우후와 부시관副試官인 길
　　　주목사는 상관없다면서 즉시 합격자를 발표하였다. 합격자
　　　발표 후에 파장연罷場宴을 열었다.

12일 ; 오전에 북병영에 도착하였다. 저녁에 길주목사, 명천부사도
　　　 모두 도착하였다.

13일 ; 방목榜目이 성책成冊되어 온성에서 왔다. 북병사가 길주목사·
　　　 명천부사와 더불어 의논하여 가로되 "도내 병사의 아우와 수
　　　 령의 조카가 1·2등을 하니 심히 부당하다. 초시는 등수의 높
　　　 고 낮음에 관계가 없고, 박모의 말이 심히 옳으나, 감영으로
　　　 보내는 성책이 이미 발송되어 버렸으니 어찌할 수가 없다."
　　　 라고 하였다.

　이 과거 시험에서의 정황은 일기의 내용만으로는 정확하게 판단되지 않
는다. 다만 함경도에서 실시한 향시에서 병사와 부사의 식솔이 1·2등으로
합격한 것은 자연스럽거나 정당해 보이지는 않는다. 더욱이 앞에서 본 대
리 시험 장면까지 겹치면 더욱 그러하다. 어쨌든 김여해와 엄태구는 2차
시험을 보기 위해 함께 서울로 출발하였다. 달포가 지난 후 김여해가 낙방

한 채 돌아왔다. 다시 두어 달 뒤에는 엄태구도 돌아왔는데, 별다른 언급이 없는 것으로 미루어 아마 낙방하였던 듯하다.[177]

---

177) 『일기②』 1645.10.17/11.30/1646.2.7.

제3부

그래도 사람이 사는 곳인데

14장 우연히 마주한 뜻밖의 인연

회령의 기생 월매는 어느 날 새로 배속된 군관이 경상도 울산에서 올라왔다는 소식을 들었다. 그녀로서는 얼마나 기다리고 기다렸던 소식이었는지 모른다. 혹시 하는 마음에 한달음에 군관들이 있는 곳으로 달려갔다.

급한 마음에 군관들에게 이것저것 캐묻기 시작했다. 그러고는 까무러치듯 놀라지 않을 수 없었다. 자신의 머릿속에 가득 들어차 있는 이름 박계숙, 바로 그 사람의 아들이 눈앞에 있는 것이다. 박계숙은 어머니인 회령 기생 배종[기명은 삼상월]의 40년전 정인이었다. 이렇게 기생 배종의 딸 월매와 군관 박계숙의 아들 박취문의 대를 이은 만남이 이루어졌다.

40년전 회령의 보을하진에서 부방한 박계숙은 기생 배종과 각별한 인연을 맺었다. 보을하진은 회령 읍성에서 서쪽으로 60리 떨어져 있는 진보이다. 박계숙이 남긴 일기에 배종의 존재가 발견된다. 1606년(선조 39) 3월부터 11월 사이에 7·8차례나 배종이 등장하고 있어 두 사람의 깊은 관계를 짐작게 한다. 일기에 나오는 내용을 개략적으로 풀이하여 제시하면 다음과 같은 내용이다.

2월 16일 ; 회령 기생을 데려오기 위해 처음에 정한 마음을 깨뜨리고 종과 말을 보냈다. 이 회령 기생이 배종으로 추정되는데, 실제 데려오지는 못한 듯하다.

3월 2일 ; 회령 기생 배종이 편지를 보내왔다.

4월 14일 ; 회령에 원정 가서 활쏘기 시합을 하였는데, 50발 모두 명중하였다. 병마우후가 짐짓 장난으로 벌이 없을 수 없다고 하며 장차 곤장을 치려 하였는데, 이때 곤장을 잡은 이가 기생 배종이었다. 큰 상을 받았다.

7월 18일 ; 보을하진에서 경성鏡城으로 출장 갔다가 돌아오는 길에 회령
　　　　　에 도착하니 이미 성문이 닫혔다. 할 수 없이 경기도 출신 고
　　　　　응선 집에 말을 맡겨두고, 도보로 배종의 집으로 갔다. 마침
　　　　　배종은 당번이어서 관청에 들어가고 없었는데, 그 어미를 시
　　　　　켜 오게 하여 만나니 매우 반가웠다.

7월 26일 ; 보을하진의 활쏘기 시합에서 상으로 탄 울석莞席과 지의地衣
　　　　　를 노마奴馬를 시켜 삼상월 즉 배종에게 보냈다. 얼마 뒤 역
　　　　　시 상으로 탔던 큰 독 2개도 보내주었다.

11월 20일 ; 배종의 가노가 성찬을 가득 싣고 회령에서 왔다. 친구와 함
　　　　　께 배부르게 잘 먹었다.

11월 24일 ; 방환 관문이 회령에서 보을하진에 도착한 날 밤에 배종과
　　　　　그 어미가 회령에서 왔다.

11월 25일 ; 배종 모녀와 이별하고, 고향을 향해 출발하였다.

　이렇게 박계숙은 회령에 들를 때 배종을 만나거나 편지를 주고받았다.
배종도 가끔 성찬을 준비해서 보내주기도 하였고, 특히 박계숙이 떠날 즈
음엔 배종과 그 모가 작별하러 오기도 하였다. 박계숙이 복무한 보을하진
과 배종이 사는 회령은 60리 떨어져 있음을 고려할 때, 배종이 박계숙의
방기는 아니었을 것이다. 방직기라 보기에는 너무 멀리 떨어진 지역에 거
주하고 있었을 뿐 아니라 일기에 방직기라 명기되어 있지도 않기 때문이
다. 박계숙이 부방생활을 하는 동안 선물을 주고받으며 정을 낼 정도의 친
밀한 기생이었음에는 틀림이 없다고 하겠다. 하지만 두 사람의 인연은 박
계숙이 복무를 마치고 회령을 떠나면서 끊어졌다.

　그러나 배종에게 있어 박계숙이라는 존재는 단순히 스쳐 간 사람 중의
한 명이 아니었던 듯하다. 이는 배종이 살아생전에 자신의 딸 월매에게 박
계숙이란 존재를 각인시켰던 데서 유추해볼 수 있다. 그럴 정도로 그녀에
게 박계숙은 각별한 사랑이었고 인연이었던 모양이다. 혹 월매의 아버지가
박계숙이었을지도 모른다. 단순한 정인에 불과하였다면 딸에게 박계숙의

존재를 그렇게 각인시켰을 리가 없었을 것이기 때문이다.

40여년의 세월이 흐른 뒤 배종의 딸 월매가 박계숙의 아들 박취문을 만난 것이다. 윗대의 인연이 아랫대로 이어지는 순간이었다. 이때 배종은 이미 사망한 후였고, 박계숙은 70세를 훨씬 넘긴 나이로 울산에 살고 있었다. 월매는 수천 리 떨어진 변방 회령에서 박계숙의 존재를 인지하고 있던 유일한 사람이었다. 박계숙은 월매의 존재 자체를 모르고 살았을 수도 있다. 월매는 박취문을 처음 만날 날 밤늦도록 자신의 어머니에 관해 눈물로 회상하였다.

만약 월매가 박계숙의 소생이었다면 박취문보다는 10세 정도 연상이었을 것이다. 1606년 11월 박계숙이 복무를 마치고 떠날 때 만약 배종이 월매를 잉태한 상태였다면 이듬해인 1607년에 낳았을 가능성이 크다. 박취문은 1617년생이다. 회령에 도착할 당시 박취문의 나이가 29세였으니, 월매는 39세 정도였을 것으로 추정할 수 있다.

부방 온 군관 부자와 변방의 기생 모녀의 대를 이은 만남은 매우 드문 기이한 인연이라고 하지 않을 수 없다. 그럴 때 외롭고 낯선 변방이라는 주위 환경과 어우러져 통상적인 만남 이상의 의미가 있는 진한 인간애가 발현되었다. 월매는 박취문이 회령에 머문 6개월여동안 마치 남매처럼 매우 친밀한 관계를 유지하면서 교류하였다.

일기에 그 모습의 일부가 기록되어 있다. 월매는 한가할 때 종일토록 박취문과 쌍육 놀이를 하기도 하였고, 더러는 가야금을 타기도 하였다.[178] 술자리를 따로 마련하기도 하였고, 술과 안주를 마련하여 그의 집을 방문하기도 하였다.[179] 특히 박취문이 병이 나서 아플 때는 시중을 드는 의향이란 방기가 따로 있었음에도 시종 그의 집을 드나들며 병구완을 하였다.[180] 약 6개월 뒤 박취문이 병영으로 갑자기 전보되자 많은 기생을 데리

---

178) 『일기②』 1645.3.14/3.15.
179) 『일기②』 1645.4.14/4.18/4.27.
180) 『일기②』 1645.4.3.

고 그의 집을 방문하였으며, 다음 날에는 회령의 교외까지 따라가 마지막 전별연을 열어주면서 아쉬움을 달래기도 하였다.[181]

박취문도 그러한 그녀를 특별한 존재로 대하였다. 활쏘기를 한 후 술 생각이 나면 동료들과 함께 월매의 집을 찾았다.[182] 활쏘기 시합에서 상으로 받은 곡물을 월매에게 준 적도 몇 차례나 있었으며, 어떨 때는 일등상으로 탄 귀한 백별선白別扇 부채와 참빗을 그 자리에서 월매에게 주기도 하였다.[183] 판관에게서 선물로 받은 어물의 반을 특별히 월매에게 보내기도 하였고, 회령을 떠날 때는 자신이 가지고 있던 곡식 중 절반을 월매 한 사람에게 주고, 나머지 절반을 가지고 친한 여러 기생에게 나누어주는 등 월매를 특별히 대하였다.[184]

월매는 박취문이 회령을 떠나 경성鏡城의 병영이나 회령 근처의 행영行營에 근무할 때도 긴밀한 만남을 지속하였다. 월매는 경성까지 가서 박취문 일행과 술 먹기 시합을 하면서 어울린 적이 있는가 하면, 연말에는 일부러 말미를 내어 행영에 있는 박취문을 만나러 가서 보름 정도 그의 집에 머물다가 돌아오기도 하였다.[185] 월매가 돌아갈 때 박취문은 고급 치마 옷감 20척을 주어 정을 표시하였다.[186] 그전에도 박취문은 회령에 가는 인편에 황대구와 백대구를 월매에게 부쳐 조그만 정을 표한 바 있었으며,[187] 회령에 공무로 출장 갈 때는 반드시 월매를 찾아 안부를 묻곤 하였다.

비슷하지만 조금 다른 사례를 『부북일기』에서 또 찾아볼 수 있다. 함흥 기생 고온 모녀의 사연이다. 박취문이 경상도 의흥에 거주하는 도내유라는 양반의 편지를 부탁받았는데, 도내유가 함흥에 있는 자신의 딸인 고온에게

---

181) 『일기②』 1645.윤6.28/7.1.
182) 『일기②』 1645.5.7.
183) 『일기②』 1645.3.20/3.21/6.14.
184) 『일기②』 1645.4.20/윤6.29.
185) 『일기②』 1645.7.10/12.30/1646.1.2/1.15.
186) 『일기②』 1646.1.15.
187) 『일기②』 1645.12.9.

보내는 편지였다. 도내유는 울산부사 도신수의 종숙이어서 울산부사를 통하여 어떤 형태로든 편지 전달을 부탁받았을 가능성이 크다. 또한 도신수는 1637년경에 함흥판관으로 재임한 적이 있었기 때문에 재직 당시 잘 알고 지냈던 것으로 짐작되는 함흥의 아전 윤신길에게 보내는 편지를 박취문에게 들려서 보냈다. 함흥에 도착한 박취문은 울산부사의 편지를 윤신길에게 전해주었고, 함흥에 며칠 머무는 동안 윤신길로부터 여러 가지 편의를 제공받을 수 있었다.[188]

도내유가 어떤 지위와 처지였는지는 확실치 않으나 훈련원 판관을 역임한 경력이 있는 사람인 것으로 미루어 무관이나 군관으로 함흥 근처에서 근무한 것으로 짐작된다.[189] 이때 인연을 맺은 기생과의 사이에서 딸 고온을 낳았던 모양인데, 모녀를 함흥에 두고 떠나올 수밖에 없었던 것으로 추정된다. 그 후로 서로 소식을 전하는 편지 내왕은 더러 있었던 것으로 짐작된다. 마침 함흥 쪽으로 올라가는 박취문 일행 편에 편지를 부탁한 것이었다.

일기에는 다음과 같이 기록되어 있다.

> 1645년 1월 24일 ; 박이돈의 생일이라 머물렀다. … 저녁에 경상도 의흥義興 도내유都乃兪의 딸 기생 고온古溫이 말미를 얻어 정평의 친척 집에 갔다가 그날 아침에 내가 전했던 그녀의 아버지 편지를 보고 급히 왔다고 하면서 그 어미와 함께 술과 안주를 가지고 방문하였다. 밤이 되어 통곡하면서 돌아갔다.

---

188) 『일기②』 1645.1.20/1.21/1.22/1.24.
189) 성주도씨대동보편찬위원회, 『성주도씨대동보』, 회상사, 1988, 537·849쪽. 족보에는 도내유가 훈련원 판관을 지낸 것으로 기재되어 있다. 그리고 그의 아들 도신눌은 재종형인 도신수가 함흥판관을 지낼 때의 인연으로 함흥에 정착한 것으로 되어 있다. 그래서인지 그의 어머니 즉 도내유의 처의 묘는 함흥에 있다고 되어 있으며, 그 후손들도 함흥 근처에 정착한 것으로 족보에 나타난다. 도내유의 묘는 의흥에 있다.

박취문이 부방을 마치고 돌아가는 길에 함흥에 들렀을 때 고온 모녀는 술상을 차려 대접하고, 또 약간의 식량과 함께 아버지 도내유에게 보내는 편지를 부탁하였다.

> 1646년 3월 6일 ; 초료 체지를 받지 못했을 뿐만 아니라 비까지 내려 부득이 머물렀다. 저녁에 의흥 도내유의 딸 기생 고온 모녀가 술을 가지고 와서 대접해 주었다. 또 약간의 식량과 겸하여 그 아비에게 보낼 편지를 주었다.

만남의 광경을 상상하면서 고온 모녀의 심정에까지 생각이 닿으면 가슴이 먹먹해진다. 박취문이 집으로 돌아올 때는 의흥을 통과하지 않았지만 다른 방법으로 편지를 전해주었을 것이다.

15장 주고받은 선물들

『부북일기』에는 각종 선물을 여러 사람과 주고받은 것이 많이 기재되어
있어, 당시 함경도 지역 병영의 선물에 관한 관행과 선물 품목을 이해하는
데 도움을 준다. 먼저 박취문이 회령과 북병영에서 복무할 때 그에게 선물
을 준 사람과 선물의 품목 및 수량을 표로 정리해서 제시하면 다음 <표 6>
과 같다.

〈표 6〉 박취문이 받은 선물의 상황

준 사람		선물 품목과 수량	연월일
상관	회령부사	사슴다리 1개, 대구 5마리	1645.4.18.
		사슴고기포 10개	1645.4.29.
		소금 10두	1645.5.3.
		땔감나무 100개, 산짐승고기 10근, 소주 2복자	1645.5.6.
		작은사슴가죽 1령, 족제비 꼬리털 10조, 백미 4두, 좁쌀 4두, 콩 4두, 말린 연어 5마리, 문어 1마리, 말린 꿩 5마리	1646.1.26.
	회령부사 소실	담비가죽 2령	1646.1.26.
	회령판관	소금에 절인 게 5마리, 대구 3마리	1645.3.22.
		소금에 절인 게 5마리	1645.4.6.
		잣 1두, 보리쌀 5두	1645.4.8.
		사슴고기, 소주 3복자	1645.4.18.
		생대구 2마리, 생명태 5마리, 신삼어 5마리	1645.4.20.
		소금 3두	1645.5.3.
	북병사	쌀과 콩 1두	1645.6.28.
		쌀 5두, 좁쌀 1석, 콩 1석, 귀리 1석	1645.12.1.
		중국식 모자 3닙	1645.12.26.
	경성판관	쌀·콩·말죽 각 6두, 어물	1646.2.11.

동류	토착군관 채승회	말먹이콩 5두	1645.4.8.
	영선감관 이사안	땔감나무 1바리	1645.6.3.
	이훤	생대구 2마리, 백대구 3마리	1645.12.9.
		장갑가죽	1645.12.25.
	경성별감 최계망	황대구 1마리, 백대구 1마리	1645.12.9.
		황대구 4마리, 백대구 4마리, 백문어 2마리, 소주 7복자	1645.12.18.
	김계임	황대구 2마리	1645.12.9.
	파총 정윤신	족제비 꼬리털 10조	1646.1.25.
	허국촌	담비가죽 1령	1646.1.25.
	관청의 감관 및 동료 군관, 향소	쌀·콩·말죽·어물 총 1바리	1646.2.11.
	기타 지인	족제비 꼬리털 50여조	1646.1.25.
기생	옥매향	반찬 1상자, 고운 수건	1645.2.22.
	향춘	황대구 2마리, 백대구 2마리	1645.2.29.
	월매	고운 삼베 20척	1646.1.25.
기타	工房皮工 卜生	여성용 가죽신 1켤레, 평평한 가죽신 1켤레, 다로기[190] 1켤레, 허리에 차는 주머니 1개, 팔뚝 토시 1개	1646.1.17.

　박취문은 회령부사·회령판관·북병사 등 자신이 모시고 있던 상관에게서 선물을 많이 받은 것으로 나타나 있다. 그리고 동류로 취급될 수 있는 군관급 인사와 친분이 각별한 기생에게서도 선물을 받았다. 선물의 종류는 매우 다양하였는데, 곡물류와 반찬류가 대부분이었다. 곡물류로는 쌀과 콩이 주종을 이룬 가운데 보리나 말먹이 콩 등이 있었다. 어물로는 단연 대구大口가 주종을 이룬 가운데 명태·신삼어·문어 등도 있었다. 육류로는 사슴이나 꿩과 같은 산짐승 고기가 대부분이었다. 그 외 소금, 땔감, 옷감과 같은 생필품, 술과 같은 기호품 그리고 짐승 가죽 등이 있었다.

　선물의 규모는 대구 몇 마리, 콩 한 말, 땔감 한 짐 등과 같이 간단히 정을 표시한 것이 많았다. 다만 회령부사나 북병사에게서 받은 것은 대개

190) 가죽의 털이 안으로 들어가게 길게 지은 버선으로 추운 지방에서 겨울에 신는다.

규모가 큰 데, 이는 수고에 대한 격려의 성격이 강하였기 때문이라고 생각
된다. 그리고 이별할 때의 선물은 평상시에 정을 내던 것과는 달리 조금
더 규모가 크거나 별난 물건들이었다.

그리고 표에는 나타내지 않았지만 복무를 하기 위해 올라오는 도중 함경
도 안변에서 인연이 깊은 수령의 어머니가 따로 챙겨준 선물이 이채로운
품목으로 상당한 정성이 담긴 것이었다. 약과 20립, 약포 2첩, 청수리 20개,
말린 꿩 2마리, 소금에 절인 연어 4마리 거기에 소주 1병이었다.[191] 수령의
어머니가 주변에서 급히 준비한 것으로 짐작되는데, 정감이 서려 있다.

한편 박취문이 다른 사람에게 선물을 준 때도 있었다. 부방 생활을 하는
처지였기 때문에 그가 준 것은 대부분 자신이 상이나 선물로 받은 것을 나
누어 준 경우가 대부분이었다. 일기에 나오는 상황을 표로 정리해보면 다
음 <표 7>과 같다.

<표 7> 박취문이 준 선물의 상황

증여의 대상		선물 품목과 수량	연월일	비고
기생	월매·설매	흰쌀 5두, 좁쌀 2석	1645.3.21.	활쏘기 상물
	월매, 의향의 모	생대구 2마리, 생명태 5마리, 신삼어 5마리	1645.4.20.	판관이 준 선물
	월매, 친한 기생	좁쌀·쌀·보리·콩 半分	1645.윤6.29.	비축 곡식
	월매	황대구·백대구 각 1마리	1645.12.9.	
	월매	반물 치맛감 20척	1646.1.15.	
	월매·설매·의향	회령 관아에서 받은 물품 전부	1646.1.26.	
출신 군관	김사룡	편자 3개, 다로기 1켤레, 소주 5복자, 건어물, 쇠고기 4근	1645.11.27.	방환 선물
	한천립	편자용 정철 5근, 생대구 2마리, 황대구 4마리	1645.12.2.	방환 선물
토착 군관	파총 정윤신	화살 10개	1646.1.25.	답례
	허국촌	화살 10개	1646.1.25.	답례

---

191) 『일기②』 1645.1.14.

유배 관료	전좌랑 정대용	좁쌀 1석, 쌀 5두, 콩 1석, 귀리 2석	1646.1.29.	경상도 성주 사람
		쌀·콩·말죽 각 6두, 어물	1646.2.11.	

친하게 지내던 기생들에게 상으로 탄 것이나 선물로 받은 것을 나누어 준 적이 많았다. 특히 월매에게는 각별한 정을 지속해서 표현하고 있음을 알 수 있다. 그리고 회령의 방직기였던 의향, 친밀하게 지낸 설매 등이 그 대상이었다. 특히 이별에 즈음해서는 선물로 받은 것의 상당량을 기생들에게 나누어 주었다. 회령에서 경성으로 근무지를 옮길 때는 자신이 가졌던 거의 모든 쌀과 콩을 월매를 위시한 기생들에게 나누어 주었으며, 부방 생활을 완전히 마치고 떠날 때도 회령부사에게서 받은 많은 선물을 모두 친한 기생들과 방직기에게 주었다.192)

동료 군관에게도 선물한 기록이 일기에 몇 차례 나오는데, 행영의 공방 군관을 맡고 있을 당시 복무를 마치고 돌아가는 출신군관에게 편자를 위시한 몇 가지 음식물을 이별의 선물로 주었다. 그리고 박취문 본인이 복무를 마치고 돌아갈 때 많은 선물을 준 토착군관 몇 명에게 답례로 화살을 선물로 준 바 있다.

박취문이 선물을 한 특이한 이로는 경성에서 유배 생활을 하는 전좌랑 정대용이었다. 정대용은 광해군대에 인목대비의 폐비를 주장하는 논의에 동조하였던 탓에 인조반정이 일어난 후 유배에 처해진 인물이었다.193) 복무 기간 중 박취문이 몇 차례 만난 적이 있었는데, 같은 경상도 사람으로서 처지가 딱하게 여겨졌는지 복무를 마치고 돌아갈 때 상당한 식량을 선물로 전해주었다. 이에 정대용은 감사하는 마음을 눈물로 전하면서, 통곡으로 자신의 처지를 한스러워하였다. 그 뒤 유배에서 풀려났는지, 아니면 그곳에서 생을 마감하였는지는 확인되지 않는다.

---

192) 『일기②』 1645.윤6.29/1646.1.26.
193) 『인조실록』 36, 16년 4월 10일 계묘.

16장 크고 작은 술자리

변방의 병영에서도 공식·비공식의 크고 작은 술자리가 있기 마련이었다. 모임이 있는 자리에는 술이 빠질 수 없었다. 공식적인 술자리 연회로는 환영연과 전별연을 위시한 각종 친목을 도모하기 위한 회식 자리가 있었으며, 부하들의 사기를 진작하고 격려하기 위한 술자리도 가끔 열렸다. 그리고 삼삼오오 모이는 사적인 각종 술자리 모임이 있었다. 『부북일기』에도 술자리와 관련한 내용이 상당히 많이 기록되어 있다.

박계숙의 일기에는 임기를 마치고 돌아가는 보을하진첨사를 위한 전별연이 열린 방식과 횟수가 비교적 잘 기록되어 있다. 이에 의하면 수령급의 전별연은 떠나기 한 달 전부터 여러 번에 걸쳐 베풀며 서로 아쉬움을 전하는 모습으로 묘사되어 있어 이채롭다. 7월 26일에 회령부사와 판관이 기생을 대동하여 60리 거리의 보을하진에 와서 전별연을 베풀어 주었다.[194] 그러자 다음날 첨사는 답례로 감사의 뜻을 표하기 위해 회령을 다녀왔다.[195] 8월 1일에는 출신군관들이 첨사를 위한 전별연을 열었고, 다음날에는 첨사의 답례가 있었다.[196] 보름 뒤인 8월 15일에는 다시 간단한 전별연이 열렸다.[197] 19일에는 회령부사와 판관이 또다시 보을하진에 와서 전별연을 열어주었고, 다음날 첨사는 역시 또 답례차 회령을 다녀왔다.[198] 일기에 빠진 것도 있었을 것이라는 점을 고려한다면, 첨사에 대한 전별연 횟수는 더 늘어날 가능성이 크다. 그리고 전별연이 있은 다음 날에는 꼭 답례로 고마

---

194) 『일기①』 1606.7.26.
195) 『일기①』 1606.7.27.
196) 『일기①』 1606.8.1/8.2.
197) 『일기①』 1606.8.15.
198) 『일기①』 1606.8.19.

움을 표한 점도 특기할 만하다.

일상생활의 여러 모습 가운데 눈에 띄는 것은 크고 작은 잔치가 열렸을 때 노는 방식이었다. 잔치 분위기가 무르익으면 운을 내어 시를 짓기도 하였으나, 무신들이 대부분인 병영이어서 그런지 운에 맞추어 시를 지을 수 있는 자는 별로 없었다. 잔치가 열렸다는 기록은 일기에 자주 기재되어 있으나 시를 지으며 즐긴 경우는 박취문 일기에 두 건 나타난다.

한번은 군관들과 활쏘기 시합을 하고 난 후 마련된 연회 자리에서 회령부사가 취중에 졸연히 운을 내었는데, 박취문이 운에 맞추어 시를 지은 유일한 인물이었고 나머지는 한 수도 짓지 못하였다. 그는 회령부사로부터 칭찬을 크게 듣고, 보리쌀 1석, 백미 5두, 콩 1석, 귀리 5석을 특별히 상으로 받았다. 이때 그가 지은 시는 다음과 같다.[199]

絶漠關山雁不來　　적막한 관산에는 기러기도 오지 않아
尺書難報客裡懷　　편지로 나그네 회포 전하기도 어렵구나
魂夢不知身在此　　넋이 흐릿하여 몸이 여기 있는지도 알지 못하는데
歸寧夜夜去又回　　밤마다 부모님 뵈러 갔다가 다시 돌아오는구나

다른 한 번은 북병영에서 복무할 때였다. 시는 일기의 말미에 따로 쓰여져 있어서 지은 날짜를 정확하게 알기는 어렵지만 시의 내용으로 보아 늦가을 무렵이었던 듯하다. 북병영이 있는 경성에 있을 때 여러 고을 수령들이 함께한 연회 자리에서 지은 것이라고 소개하고 있다. 고향이 있는 남쪽 땅을 몇 번이고 돌아보다가 급기야 꿈속에서 달려갔다가 돌아온다는 내용이다.

危樓秋晚鴈聲哀　　늦가을 높은 누각 기러기 소리 슬픈데
月白南天眼幾擡　　달빛 흰 남쪽 하늘 몇 번이고 쳐다 본다

199) 『일기②』 1645.3.3.

莫道開山行路遠   산을 나서서 가야 할 길 멀다고 말하지 마소
歸寧孤夢自飛回   부모님 뵙는 외로운 꿈은 스스로 날아서 돌아오네

아무튼 회령부사의 흥에 맞추어 분위기를 살린 이가 군관들 중 박취문 한 사람뿐이었던 사실로 미루어 볼 때 운에 맞추어 시를 짓는 것이 무인의 술자리에서 즐겨 할 일은 아니었음을 알 수 있다. 다만 아버지 박계숙도 곧잘 한시나 시조를 지은 것이 일기에 나오는 것으로 미루어 두 부자는 무관 중에서는 드물게 문학적 재능이 있었던 인물이었다고 하겠다.

무인의 술자리에게는 시보다는 창가唱歌가 더 흥을 돋우는 수단이었다. 연회에서 창가를 불렀다는 기록은 자주 나온다. 박계숙의 일기에는 보을하 진첨사를 위시한 여러 군관과 노래를 부르며 놀았다는 기록이 있는데, 이때 그는 명창이라는 칭찬까지 들었다는 대목이 있다.[200] 박취문의 일기에도 연회에서 노래를 부르며 놀았다는 기록이 있다. 회령부사를 모시고 활쏘기를 한 후 열린 연회에서 흥이 도도해지자 군관을 위시한 여러 사람이 노래를 부르며 놀았다는 대목이다. 이때 박취문은 노래를 제일 잘 부른 인물로 선정되어 술 다섯 병을 상으로 받은 바 있다.[201] 또 북병사가 북순차 회령에 들렀을 때 열린 잔치 자리에서도 박취문이 기생 월매의 가야금에 맞추어 노래를 불렀다는 기록이 있다.[202] 이로 미루어 볼 때 연회에서 분위기가 무르익으면 창가를 부르며 즐겼음을 알 수 있는데, 두 부자가 시에 이어 창가에도 능하였음을 알 수 있다.

큰 연회가 꼭 아니더라도 다양한 형태의 술자리는 늘 있었다. 활쏘기와 관련한 술자리가 상당히 많았다. 상급자가 격려차 술상을 내려줄 때도 있었고, 시합에서 진 편이 술을 내기도 하였다. 더러는 꼴찌가 처벌을 면하는 용도로 술을 내기도 하였다. 박취문의 일기에 나오는 1645년의 몇 대목을

---

200) 『일기①』 1606.4.22.
201) 『일기②』 1645.3.3.
202) 『일기②』 1645.3.15.

살펴면 다음과 같다.

    3월 13일 ; 부사를 모시고 활쏘기를 했다. 처음으로 50발을 명중시켰다. 동료들이 오십례五十禮를 행해야 한다고 하며 나를 거꾸로 매달았다. 부사가 관청의 경비로 술상 5개와 소주 7선鐥을 내려주었다. 부사의 안전에서 즉시 마셨다.

    3월 29일 ; 아침에 토착군관과 출신군관이 편을 나누어 10순을 쐈다. 오늘도 나는 50발을 명중시켰다. 그러나 우리 편은 졌다. 식후에 또 활을 쏠 때 우리 편이 술 20선을 먼저 내었다. 10순을 쏴서 통쾌한 승리를 거두었고, 나는 또 50발을 명중시켰다. 상대편이 또한 즉시 술 20선을 내었다.

    4월 18일 ; 부사가 또 군관청에 사슴다리 1개, 대구 8마리, 소주 5선을 내려주었다. 판관이 또한 군관청에 소주 6선을 보내주었고, 나의 처소에도 또한 사슴고기 및 소주 3선을 보내주었다.

    12월 6일 ; 편을 나누어 활쏘기하였다. … 병사가 돼지 1마리, 소주 5선, 생꿩 3마리를 내려주었다. 회령 파총 정윤신이 방문하여 생꿩 2마리, 쇠고기 여러 부위를 합쳐 3근, 소주 5선을 주니 매우 감사했다.

    상급자인 수령이나 병사가 격려차 불러서 군관에게 술을 권하는 경우도 많았으며, 군관 동료와도 자주 술을 마셨다. 각각의 예를 박취문의 일기에서 찾아보면 다음과 같다.

    10월 21일 ; 방원진에서 점심을 먹고 종성에서 숙박하였다. … 저녁에 종성부사가 병사와 서로 이야기를 나눌 때 나도 들어오라고 하여 좋은 소주를 7홉들이 큰 그릇으로 권하였다. 한 그릇 마신 후에 군이 사양하고 나왔다.

    11월 6일 ; 저녁에 박이돈과 이석로를 청하여 함께 감역소監役所 방에서 잤다. 밤에 장무掌務를 맡은 장인匠人이 좋은 술 한 병을 가

저다주었으나 물리치고 마시지 않았다. 감역소에는 하루에
술 1선씩을 내려주기 때문에 주모酒母가 있는 곳에 가서 술
3선을 가지고 왔다. 한 사람당 1선씩 마셨다.

일기에는 술을 마셨다는 기록은 많은데, 술맛에 대해 평가한 부분은 거
의 없다. 굳이 평가할 필요성을 느끼지 않아서 기록으로 남기지 않았을 수
도 있고, 술에 관한 한 청탁을 불문하고 즐긴 까닭이기도 하였을 것이다.
다만 술에 대한 박한 평을 한 날이 한 군데 있어 소개한다.

6월 3일 ; 박이돈과 함께 좁쌀 1두로 술을 사 와서 마셨는데, 그 맛이
찻물과 다름없이 밍밍하였다.

일기에 나오는 술마시기 내기를 한 장면도 이채롭다. 대결은 무려 남녀
대결이었다. 박취문이 북병영으로 자리를 옮겨서 복무할 때였다. 회령 시
절에 친하게 지낸 각별한 인연이 있는 기생 월매가 마침 경성에 다니러 왔
을 때였다. 무슨 일인지는 정확하게 알 수 없으나 아마 월매의 애부인 이
휜이 경성에 있었으므로 박취문도 볼 겸해서 들렀을 가능성이 크다. 이날
술 잘 마시는 군관 5명이 대표로 뽑혔는데, 박취문을 위시하여 이석로, 구
원제, 방호생, 김응시 등이었다. 이석로는 박취문과 함께 부방온 울산 출신
이었고, 나머지 군관도 모두 병영의 군관으로 일기에도 몇 차례씩 등장하
는 인물들이었다. 내기의 상대편인 기생은 월매를 비롯하여 경성 기생인
순개, 하생, 복생, 옥보선이었다. 결과는 군관 편이 이겼다고만 짧게 기록
되어 있다.[203] 무료함을 달래려는 싱거운 사람들의 치기 어린 내기였다고
하겠다.

한가지 곁들여 살펴볼 것은 술을 담은 그릇과 양을 표현한 단위이다. 『부
북일기』에는 그냥 술을 마셨다는 표현이 대부분인 가운데, 구체적으로 술의

양을 나타내는 단위도 가끔 나온다. 배盃, 완椀, 7홉대기七合大器, 호壺, 선
鐥, 병瓶, 분盆 등이다. 참고로 15세기의 의관 전순의가 편찬한『산가요록
山家要錄』에는 두 홉合이 한 잔盞이 되고 두 잔이 한 작爵이 되고, 두 되升
가 한 대야鐥가 되고 세 대야鐥가 한 병瓶이 되고 다섯 대야鐥가 한 동이東
海가 된다고 기록하여 막연히 알려진 병, 대야, 동이의 용량을 짐작할 수
있다.204)

『부북일기』에도 자주 나오는 단위는 선鐥이었다. 선鐥은 중국의 한자
가 아니고 우리나라에서 만든 한자였는데, 대야 모양을 한 그릇을 가리켰
으며, 복자라고도 하였다. 그런데 선의 용량과 관련해서는 앞의『산가요
록』과는 다른 기록이 있다. 18·19세기의 다산 정약용이 쓴『아언각비雅言
覺非』와 이덕무의『청장관전서靑莊館全書』에는 각각 다음과 같이 기록되
어 있다.

① 선은 술을 되는 그릇으로 우리나라에서 만든 글자이다. 당시 고을에
서는 술 다섯 잔을 대접하는 것을 일선一鐥이라고 하였다. 방언으로
는 대야大也를 말하는데, 관기盥器도 대야라고 한다. 선과 대야는 크
기에 차이가 있을 따름이다.205)

② 우리나라에서는 술 4잔 들이의 그릇을 한 대야大也라 하는데, '야也'
자는 혹 '이匜'자의 착오가 아닌지. 한 대야는 또 한 선이라고도 칭하
는데, 선 자는 자서에는 없다. 고려사 세가에, "충선왕 3년에 좌상시
김지겸을 원에 보내어 황태자의 탄일을 축하하고 금선金鐥 2개를 바
치게 했다." 하였으니, 고려 때부터 이미 선 자를 썼고, 민간에서도
세수 그릇을 대야라 칭했다. 그런데 술그릇과의 명칭은 같으나 크기
에는 현격한 차이가 있다.206)

---

204) 전순의,『山家要錄』(농촌진흥청 고농서 국역총서 8, 2004), 술빚는법[酒方], 68쪽.
205) 정약용,『與猶堂全書』,「附 雜纂集」2,「雅言覺非」2, 鐥.
206) 이덕무,『靑莊館全書』55,「盎葉記」2. 鐥.

전순의는 1선의 용량을 2승이라 하여서 잔으로 환산할 경우 10잔에 해당하는 데 비해, 정약용은 5잔, 이덕무는 4잔이라고 하고 있다. 시기에 따라 선이나 잔의 용량에 변화가 있었는지 모르겠으나 상당한 오차를 허용하는 그릇 단위인 듯하다. 요컨대 선은 복지 즉 대야 모양을 한 그릇으로서 대개 4~10잔 정도가 들어갈 만한 크기였다고 할 수 있다.

용량을 좀 더 구체적으로 따진다면 조선시대 1승 즉 한 되의 용량이 대략 600~700CC정도였다. 이에 의거하여 환산하면 1잔은 2홉이라고 했으니 120~140CC에 해당하였고, 1선은 4~10잔 정도이니 어림잡아 520~1300CC 남짓이 된다. 현대인이 보통 마시는 생맥주 컵이 500CC이거나 1000CC인 것으로 미루어 양을 짐작할 수 있겠다. 다만 『부북일기』에는 선에 담겨나오는 술이 대부분 소주였음을 고려할 필요가 있다.

『부북일기』에 나오는 배盃는 잔 정도의 용기를 가리키는 가장 작은 용량 단위였다. 이에 비해 대분大盆이나 분盆은 동이를 가리킨다고 생각되는 가장 큰 용량 단위였다. 병瓶이라는 용량 단위도 한 번 나오는데, 선보다는 더 크고 동이보다는 작은 용량 단위로 이해할 수 있다. 그리고 호壺라는 단위도 몇 차례 나오는데, 병보다는 더 작은 크기의 병 모양 용기를 가리키는 것으로 짐작된다. 그 외 대완大椀이라는 단위가 사용된 적이 있는데, 큰 사발 모양의 용기를 가리킨다고 생각된다. 구체적으로 용량을 지적한 용기로 7홉대기七合大器라는 표현이 한번 나오는데, 이는 보통 잔보다는 두세 배 큰 그릇을 놀라움을 담아 표현한 것으로 보인다.[207] 요컨대 『부북일기』에 나오는 용량에 관한 표기는 매우 정제된 표기라기보다는 실생활에서 편하게 쓰이던 용기 단위로 이해하면 좋겠다.

아버지 박계숙의 일기에도 술을 담은 용기와 관련하여 배盃, 완椀, 호壺, 병瓶과 같은 단위를 사용하여 박취문과 거의 비슷하다. 다만 아버지의 일기에는 술의 종류와 관련한 단어가 더 많이 제시되어 있다. 대부분 그냥

---

207) 『일기②』 1645.10.21.

술이라고 표현한 가운데, 맛있는 좋은 술은 미주美酒, 맛이 별로인 술은 박주薄酒, 탁한 술은 탁주濁酒 등으로 표현한 곳이 있었다.208) 특히 질이 좋은 술로 추로秋露를 언급한 곳이 여러 차례 나온다.209) 추로는 이름 그대로 가을 이슬이 흠뻑 내릴 때 넓은 그릇에 이슬을 받아 빚은 술인데, 맛이 향긋한 고급술을 가리켰다.

그리고 술의 가격을 가늠할 수 있는 대목도 몇 군데 나오는 점도 특기할 만하다. 쌀 여덟 되로 박주薄酒 7완椀과 바꾸어 마셨다는 부분과 무명베 4필로 소 한 마리를 사고 무명베 2필로 고급술인 추로 8병을 샀다는 대목이다.210) 박취문의 일기에도 큰 소 한 마리가 6승포 사오필 정도라고 표현한 대목이 있어 비교에 참고가 된다.211)

---

208) 『일기①』 1605.11.24/12.12/12.16.
209) 『일기①』 1605.12.4/1606.4.27/7.11/12.9.
210) 『일기①』 1605.11.24/12.4.
211) 『일기②』 1646.2.21.

17장 편지와 집생각 ; 꿈을 타고 가는 고향

집을 떠나 객지로 나가면 집 생각과 부모님 생각이 나기 마련이다. 처지가 고단하거나 힘들고 아플 때는 더욱 그러한 법이다. 박취문도 예외가 아니었다. 부방길에 고갯마루에 올라 고향이 있는 남쪽을 쳐다보면 집 생각이 났고, 친구와 이야기를 나누는 중에도 화제가 부모에게 미치면 너나 할 것 없이 눈물을 훔쳤다. 고향에서 온 편지를 받고도 눈물을 흘렸으며, 간절한 마음에 꿈속에서라도 만나면 깨어나서 눈물지었다. 객지에서 맞는 조상의 기일에는 더욱 집 생각, 부모 생각에 우울감에 젖어 들었다.

그럴 때마다 그를 위로해 준 것은 친구, 상관, 기생 그리고 술이었다. 그것도 여의치 않을 때는 그냥 혼자 울 수밖에 없었다. 심란한 꿈을 꾸다가 깬 뒤는 오롯이 혼자 감당할 수밖에 없는 시간이었다. 박취문의 1645년 일기에는 고향이나 부모님 생각으로 눈물을 흘리거나 더러 꿈을 꾸다가 깨어나서 눈물을 흘린 기록이 상당히 많이 나온다.

2월 1일 ; 밤에 고향 집에 도착하는 꿈을 꿨는데, 깬 뒤에 눈물이 그치지 않았다.

2월 2일 ; 마운령 꼭대기에 올라 남쪽 하늘을 바라보니 저절로 눈물이 흘렀다.

2월 2일 ; 밤에 편안히 고향으로 돌아가는 꿈을 꾸었다. 깨어나니 눈물이 흘렀다.

3월 24일 ; 밤에 매우 심란한 꿈을 꿔서 눈물이 쏟아짐을 깨닫지 못했다.

3월 25일 ; 이날 밤 심란한 꿈을 꿔서 눈물을 멈출 수 없었다.

3월 27일 ; 저녁에 박이돈에게 가서 저녁을 먹고 함께 묵었다. 행영 기생 계선과 승옥이 방문했다. 박이돈과 더불어 고향의 일을 이야기하다가 홀연히 마음이 심란하여 눈물을 무수히 흘렸다. 승옥 등이 흔히 있는 일이라며 위로해 주어 그쳤다.

4월 23일 ; 이날 저녁 고향 생각에 눈물이 흘러 저녁밥을 먹지 못했다.

5월 4일 ; 이날 밤 박경간과 함께 묵었다. 차례로 마음에 품은 바를 이야기하며 둘이서 밤새도록 눈물을 흘렸다.

5월 12일 ; 영해사람 이윤신을 만났다. 동관진첨사 임명시에 병사 면전에서 직접 아뢸 것이 있어 경성으로 간다고 하였다. 나의 처소에 오기를 청하여 동숙하였다. 밤이 되어 차례로 마음속에 품은 것을 이야기할 때 이윤신 또한 홀로된 어버이가 있다고 하여 주객이 함께 눈물을 흘렸다.

5월 22일 ; 밤에 박진익과 함께 묵었다. 함께 회포를 나누고 밤을 지새우며 눈물을 흘렸다. 진익 또한 늙으신 부모님이 있다고 했다.

6월 21일 ; 밤에 박이돈과 함께 고향 생각에 눈물을 흘렸다.

6월 26일 ; 밤에 꿈속에서 광석廣石을 보고 깨어 잠을 이루지 못했다.

7월 8일 ; 밤에 여러 벗과 더불어 이야기를 하던 중 자연스럽게 고향 생각에 눈물이 흘렸다. 여러 벗 중 늙은 부모가 있는 자는 모두 눈물을 흘렸다.

7월 15일 ; 꿈에서 광석廣石을 보았는데 깨어나서는 밤새 눈물이 흘렸다.

7월 19일 ; 밤에 부모님을 뵙는 꿈을 꾸다가 깨어 잠을 이룰 수 없었다. 밤새 눈물이 흘렸다.

8월 21일 ; 밤에 고향 동산에 도착하는 꿈을 꾸었다. 깨어나니 눈물이 흘렸다.

9월 6일 ; 이날 밤 부모님을 뵙는 꿈을 꾸고 깨어나서 눈물을 흘렸다.

9월 10일 ; 기일이어서 휴가를 받았다. 고향 생각에 종일 눈물을 흘렸다.

고향과 부모 생각은 시를 짓는 소재로도 활용되었다. 몇 수 안 되는 시가 실려있는 『부북일기』에 박취문은 고향이나 부모와 관련된 세 편의 시를 남겼다. 한 편은 회령에서 복무할 때 회령부사가 활쏘기를 한 후에 군관들에게 베푼 술자리 연회에서 지은 시로서 몸은 비록 변방에 있으나 밤마다 부모님 뵈러 갔다가 다시 돌아온다는 내용이었다. 또 한 편은 북병영에서 복무할 늦가을에 여러 고을 수령이 모인 연회 자리에서 지은 시로서 고향이 있는 남쪽 땅을 몇 번이고 돌아보다가 급기야 꿈속에서 달려갔다가 돌아온다는 내용이었다. 위 두 편의 시는 앞 장에서 이미 살펴보았다. 나머지 한 편은 부방하러 오는 길에 함경도 마운령 꼭대기에 올랐을 때 지은 시였다. 고갯마루에 서서 남쪽 하늘을 바라보니 저절로 눈물이 흘러내렸다. 마침내 다음과 같은 시 한 수를 지었다.[212]

遠上磨雲嶺   멀리 마운령 위에 올라
極目騁南天   남쪽하늘 끝까지 바라보니
家鄉何處是   고향집은 어느 곳에 있는가
不禁淚漣漣   흐르는 눈물은 금할 수 없네

일기에는 박취문이 일 년 정도 변방에 떨어져 있으면서 집에 편지를 보낸 사실과 집에서 보낸 편지를 받아본 사실이 여러 번에 걸쳐 쓰여 있다. 빠진 때도 있었다고 생각되지만 일단 일기에 나타나는 상황을 보면, 박취문이 집에 보낸 것은 1645년 2월 23일, 3월 23일, 4월 18일, 5월 30일, 윤6월 6일, 11월 9일, 11월 27일 등 총 일곱 차례 보낸 것으로 나타난다. 대개 복무 전반기에는 한 달에 한 번꼴로 보낸 셈이다. 보낸 방법은 주로 울산 근처로 가는 인편이 있거나, 혹은 서울로 가는 인편이 있을 때 부탁하였다.

2월 23일 ; 판관 김정이 임기가 만료되어 상경하는데, 그편에 집으로 보내는 편지를 부쳤다.
3월 23일 ; 회령부 하인이 서울로 가는 편에 집에 보낼 편지를 부쳤다.
4월 18일 ; 부사의 사내종이 서울로 가는 편에 집으로 보낼 편지를 부쳤다.
5월 30일 ; 박이돈의 사내종 이생을 울산으로 돌려보내는데, 그편에 집으로 편지를 부쳤다.
윤6월 6일 ; 영해의 이유신이 만기가 되어 돌아가는 편에 집으로 편지를

212) 『일기②』 1645.2.2.

부쳤다.

11월 9일 ; 행영의 하인이 서울로 가는 편에 집에 보낼 편지를 부쳤다.

11월 27일 ; 김사룡이 귀향하는 편에 집으로 보내는 편지를 전하러 가기
위해 박이돈과 함께 말미를 얻어 정오 무렵에 인사드렸다.

그리고 울산 집에서 보낸 편지를 받아 본 것은 네 차례 일기에 기록되어 있는데, 1645년 5월 25일과 8월 26일, 9월 4일, 12월 22일이었다. 이 중 5월 25일에 받아 본 편지는 울산 집에서 3월 7일에 보낸 것으로 되어있어서 도착까지 70일 이상의 시간이 걸렸음을 알 수 있다.

5월 25일 ; 집에서 3월 7일에 보낸 편지를 받아보았는데, 놀라고 기뻐서 개봉하기도 전에 눈물이 무수히 흘렀다.

8월 26일 ; 집에서 온 편지를 받아보니 눈물이 흘렀다. 집주인이 술로써 위로해 주었다.

9월 4일 ; 저녁에 집에서 온 편지를 받아보고 눈물을 흘릴 때 북병사가 불러 술로써 위로해 주었다.

12월 22일 ; 종 봉남이 말과 짐을 가지고 길주에서 돌아왔다. 집에서 온 편지를 열어보니 저절로 눈물이 흘러내렸다.

18장 사내종 봉남과 도망노 승환

봉남鳳男은 박취문의 사내 종이다. 부방하러 가는 주인을 따라 울산에서 회령까지 왔고, 계속 주인 곁에 머물며 온갖 심부름과 시중을 들었다. 따라서 일기에는 봉남과 관련한 기사가 더러 나온다. 일기에는 봉남을 대개 '남노男奴'로 줄여서 지칭하고 있다. 봉남이 1645년 박취문의 일기에 등장하는 장면을 소개하면 다음과 같다.

> 4월 14일 ; (방직기) 의향이 옷을 빨고 또 재단하기 위해 사내종 봉남을 데리고 그 어미 집으로 갔다.
> 4월 5일 ; 아침에 종 봉남을 서문 밖 어전魚箭에 보내어 작은 물고기를 구해서 회를 치고 탕을 끓이고 또 구워서 많이 먹었다.
> 5월 11일 ; 종 봉남이 처를 얻은 듯한 기미를 처음으로 알았다.
> 6월 23일 ; 갓을 가져오기 위해 종 봉남을 경성으로 보냈다.
> 7월 2일 ; 종 봉남이 병을 앓기 시작하여 주인집으로 돌려보냈다.
> 7월 30일 ; 복물卜物을 가져오기 위해 종 봉남을 회령에 보냈다.
> 11월 5일 ; 방직을 데려오기 위해 종 봉남을 경성으로 보냈다.
> 12월 22일 ; 종 봉남이 말과 짐을 가지고 길주에서 돌아왔다.

박취문이 회령에서 복무할 때는 읍내 주인집에 방을 빌려서 방직기인 의향과 거주하고 있었다. 한 달에 한 번 주인의 급료를 타러 곡물 창고에 다녀오는 것은 그의 몫이었다. 살림은 의향이 살았지만 가끔은 봉남도 거들었다. 의향이 빨래감을 가지고 옷도 재단할 겸해서 읍내 밖 촌가에 사는 어미 집으로 갈 때, 봉남도 짐을 지고 따라갔다. 5월에는 소금이 떨어져서 소금을 구하러 촌가를 다녀왔으며, 또 각종 채소 씨를 뿌리기 일을 돕기 위해 3일간 촌가에 다녀왔다.

먼 길을 다녀오는 심부름도 봉남의 몫이었다. 4월에는 서문 밖 두만강변 어전魚箭에 가서 작은 물고기를 사와서 회를 치고 탕을 끓이고 구웠다. 또 주인이 활을 잘 쏘아서 받은 상을 생선으로 바꿔 먹기 위해 동해안 해변까 지 다녀왔다. 6일만에 생선과 건어물을 가득 싣고 돌아왔다. 6월에는 주인 의 갓을 가져오기 위해 경성을 4일 걸려 다녀왔다. 봉남은 피리를 부는 재 주가 있었는데, 어느 날은 주인의 명으로 회령부사 앞에서 피리를 불며 흥 을 돋운 적이 있었다. 딱히 피리 연주 때문이었는지는 모르겠으나 이날 주 인은 부사로부터 헌 목재 100개와 음식물을 선물로 받았다. 그리고 회령에 서는 여자 친구를 하나 사귀기도 하였다. 주인이 눈치를 챈 것 같았으나 모른 체하는 것 같았다.

7월부터는 주인의 복무처가 회령에서 경성의 병영으로 변경되었다. 봉 남도 당연히 따라갔다. 그 후 남겨놓고 온 나머지 물건들을 가져오기 위해 열흘 남짓 걸려 회령을 다녀왔다. 겨울이 가까워지자 주인은 북병사를 모 시고 행영으로 다시 복무처를 옮겨갔다. 봉남도 다시 행영으로 따라갔다. 며칠 뒤 주인의 방직을 데려오기 위해 경성을 다녀왔다. 12월에는 한겨울 추위 속에 20일간이라는 최장기간 행영에서 길주까지 심부름을 다녀왔다. 도망간 종 승환의 소식을 탐문하고, 그가 소지하고 있던 주인의 물건을 되 찾아오기 위함이었다. 힘든 여정이었으나 주인의 말과 짐을 찾아 무사히 돌아왔으며, 붙잡힌 승환의 근황도 주인에게 전할 수 있었다. 이듬해 1월 에는 푸른색 장옷감을 세포細布로 바꾸는 심부름으로 회령을 다녀오기도 하였다.

회령에 있던 어느 날 저녁에 주인이 말도 없이 어디론가 가고 밤에 들어 오지 않았다. 밤새 걱정하다가 다음날 새벽에 행영을 향해 출발하여 10리 정도 갔을 때 말을 타고 급하게 달려오는 주인을 만났다. 무슨 말 못할 볼 일이 행영에 있었는지 모르지만, 주인은 매우 겸연쩍어하면서 집에 들르지 도 않고 출근해버린 적도 있었다. 어떤 때는 영문도 모른 채 주인의 동료에게 화풀이 당한 적도 있었다. 동료 군관 김사룡의 종이 건방지게 말을 타고 지나가다가 주인에게 혼난 적이 있었는데, 이를 탐탁잖게 여긴 김사룡이 풀 베고 오는 봉남에게 화풀이를 한 것이다.

주인 덕을 볼 때도 있었다. 박취문이 행영에서 공방의 책임자로 있다가 복무를 마감하게 되었을 때, 공방 소속의 피공皮工이 그동안의 고마움을 담아 선물을 하였는데, 봉남의 것도 챙겨주었던 것이다. 제대로 만든 다로기 1부, 패낭佩囊과 비갑臂匣 각 1개를 선물로 받았다. 복무를 마치고 돌아가는 길에서도 먼 길을 다녀오는 심부름이 기다리고 있었다. 경성을 떠나올 때 말이 시원찮아 다른 사람의 말과 바꿔서 길주까지 왔는데, 이제 그 말을 돌려주고 원래 말을 찾아오기 경성을 7일만에 다녀왔다. 병이 말끔히 나아있는 말을 끌고 올 수 있어서 다행이었다.

박취문의 일기에는 봉남과 여러 면에서 대조되는 종이 한 명 등장한다. 박취문의 사내 종인 승환承還이다. 봉남과 함께 주인을 모시고 울산에서 회령까지 동행하였다. 그러나 봉남과는 달리 적응을 잘하지 못한 듯하다. 회령에 도착하여 얼마되지 않은 시점에 도망을 친 종으로 일기에 등장하기 시작하였다. 1645년 3월 9일 주인을 비롯한 여러 군관이 회령부사를 모시고 종성에서 원정 온 사람들과 편을 나누어 활쏘기 시합을 한 날이었다. 주인은 늦게까지 술자리를 가진 후 새벽에야 겨우 들어왔다. 이날 승환은 황대구 2마리, 염색한 면사, 호초胡椒, 종이 등의 물건을 훔쳐 도망쳤다.

날이 밝은 후 이 사실을 안 박취문은 승환을 잡아들이는 일로 병마우후에게 도움을 청하는 편지를 써서 회령의 군관 배계창 편에 행영으로 보냈으나 아무 소득이 없었다. 다음날에는 봉남이 행영으로 갔으나 역시 아무 소득 없이 돌아왔다. 다만 봉남이 알아온 바와 의하면 승환의 행적을 행영에서는 찾을 수가 없으니, 그렇다면 아마 경상도 쪽으로 도망간 것 같다는 추측뿐이었다.

이후 승환과 관련한 내용은 더는 일기에 나오지 않다가 8개월 정도가

지난 뒤에 다시 일기에 등장하였다. 11월 19일에 박이돈의 종과 이석로의 종이 울산에서 왔는데, 사내종 승환이 길주의 산성모로山城毛老 최득길 집에 이르러서 말이 병들었다며 뒤처져 머물고 있다고 알려주었다. 이때 박취문은 행영에서 복무하고 있을 때였는데, 복무 기한 마감에 맞추어 울산의 각 집에서 노마를 올려보낸 것으로 추정된다. 북병사에 의해 이들 군관의 복무 기간이 연장되었지만, 그것을 알 리 없는 울산 집에서는 원래의 기한에 맞추어 노마를 올려보낸 것이리라. 그런데 3월에 도망갔다던 승환이 다른 군관의 종과 함께 울산에서 올라온 것으로 나타나 있어서 그동안 무슨 일이 어떻게 된 것인지는 일기의 기록만으로는 분명치 않다.

어쨌든 박취문은 승환이 정해진 일시에 도착하지 않아 몹시 화가 났으며, 전에 도망친 전력이 있었기 때문에 이번에도 도망을 의심하였다. 11월 24일 승환을 비밀리에 기찰하여 잡아 올리는 일로 북병사의 관문을 파발을 이용하여 길주목사에게 보냈다. 그편에 박취문도 따로 길주목사에게 보내는 부탁의 편지를 동봉하여 보냈다. 그래도 마음이 놓이지 않아서 12월 3일 종 봉남을 직접 길주에 가보도록 하였다. 20여일이 지나서 봉남이 말과 짐을 가지고 돌아왔다. 짐 속 물건의 반 정도는 없어진 상태였다. 그 짐 속에는 울산 집에서 보낸 편지도 있었다. 봉남이 파악해서 전해준 소식은 좀 더 구체적이었다.

> 12월 22일 ; 종 봉남이 말과 짐을 가지고 길주에서 돌아왔다. 집에서 온 편지를 열어보니 저절로 눈물이 흘러내렸다. 종 승환이 과연 산성모로 최득길의 계집종과 결혼하여 명천 와지촌에 숨어 살고 있었다. 최득길의 처는 칼을 차고 감옥에 갇혔고, 최득길은 족장足掌을 맞고 심문을 당하였다. 어렵게 붙잡은 종 승환은 일단 길주에 가두었다가 후에 들여보낸다고 하였다. 가지고 왔던 물건 중 반 정도는 잃어버렸으니 매우 분하였다.

승환이 하필 최득길의 집과 연관이 된 것에는 사연이 있는 듯하다. 최득길은 길주의 아전이었는데, 박취문 일행이 부방하러 오던 2월 5일 아침밥을 후하게 대접한 이였다. 그런데 그날 일기에 "그 집의 계집종이 미색이었는데, 5·6명이 나 그랬다."라고 특기되어 있다.213) 이로 미루어볼 때 승환이 아마 이런 이유로 이 집 종과 인연을 맺은 것 같기도 하다. 3월의 도망 때도 이와 연관되었을 가능성도 있다. 최득길도 승환에 대해 욕심이 있었기 때문에 이런 불법적인 일을 벌인 것으로 짐작된다. 박취문은 다음 날 승환을 압송하는 일로 길주에 관문을 보냈다. 권력의 주변에 있는 자의 노비 추쇄는 수월하게 진행되었다.

해가 바뀌어 1646년 1월 6일 드디어 종 승환은 역에서 역으로 전하여 행영으로 압송되어왔다. 주인 박취문으로부터 시비를 불문하고 우선 족장 50대를 맞았다. 1월 14일에도 분이 풀리지 않은 주인으로부터 또 한 차례 족장을 맞은 후 낙오하게 된 근본 원인과 복물의 거처에 관해 추궁당하였다. 주인은 승환의 진술을 토대로 북병사에게 고하여 최득길을 잡아 오는 일로 길주목사에게 관문을 보냈다. 1월 22일 아침에 또 다시 승환은 매질을 당하였다. 보다 못한 동료 군관 이석로와 박이돈이 말리고, 북병사까지 나서서 잠시 멈추라는 명령을 내려서 5대만 맞고 겨우 그쳤다.

그러는 동안 박취문의 복무가 마감되었다. 도망한 경력이 있는 종을 데리고 먼 길을 가는 것은 어렵고 힘든 일이었다. 마침 임기 만료가 얼마 남지 않은 북병사가 자신이 체직되어 갈 때 서울까지는 승환을 데려다준다고 하여 걱정 없이 일단 귀향길에 나설 수 있었다. 이같이 『부북일기』에는 두 상반되는 노비의 행태를 보여주는 사례가 비교적 자세하게 나타나 있어 당시 사회상의 일단을 엿볼 수 있다.

---

213) 『일기②』 1645.2.5.

19장 자잘한 일상의 모습

1) 바둑과 쌍륙 놀이

일기에 나오는 놀이로는 먼저 바둑을 들 수 있다. 바둑은 주로 무료함을 달래는 수단으로 활용되었다. 박취문의 일기에는 나오지 않는데, 박계숙의 일기에는 그가 바둑을 둔 사실이 두 번 기록되어 있다.

1606년 3월 1일 ; 회령군관 최청의 아우 최환이 방문하였다. 종일 바둑을 두고 날이 저물어서야 돌아갔다.
1606년 7월 6일·7일 ; 별다른 일이 없었다. 활쏘기를 하거나 바둑을 뒀다.

출신군관 중에는 아예 바둑판과 바둑알을 지니고 부방길에 나선 이도 있었다. 박계숙과 부방길을 동행한 군관 최경흘은 함경도 안변에 도착하였을 때 가지고 다니던 바둑판과 알을 잃어버린 것을 깨달았다. 기억을 더듬어보니 강원도 회양 부근에서 잃어버린 듯하였다. 그 낙담한 상실감을 일기에는 다음과 같이 표현하였다.

1605년 11월 25일 ; 70리를 가서 안변부에 도착하여 서문 밖 여염집에서 묵었다. 추정컨대 최경흘이 각기角碁를 회양 근처에서 잃어버린 듯하였다. 마치 용이 여의주를 잃고 맹인이 지팡이를 잃은 것과 같았다. 객지의 무료함을 이길 수가 없었다.

당시 바둑은 남성의 전유물만이 아니었던 듯 기생 중에도 바둑을 둘 줄 아는 이가 있었던 모양이다. 박계숙이 함경도 경성에서 만난 기생 금춘에

관한 설명에서 "이름은 금춘今春이고 자는 월아月娥이다. 가사歌辭와 바둑
[기혁碁奕] 같은 기예에도 능하지 않음이 없었고, 또 거문고와 가야금에도
능하였다."라고 하여 금춘이 바둑을 둘 줄 아는 능력에 놀라운 마음을 담
아 표현하고 있다.214)

쌍륙雙六도 가끔 등장한 놀이였다. 쌍륙은 여러 사람이 편을 갈라 차례
로 두 개의 주사위를 던져서 나오는 숫자대로 말을 써서 먼저 궁에 들여보
내는 놀이이다. 정육면체인 작은 주사위에는 점이 한 개부터 여섯 개가 새
겨져 있다. 주사위를 던졌을 때 두 주사위 모두 6이 나오는 것이 가장 유리
하였기 때문에 쌍륙이라는 이름이 붙었다. 일기에는 기생과 어울려 종일
쌍륙 놀이를 했다는 기록이 나온다.215)

> 1645년 3월 14일 ; (회령)부사 앞에서 월매와 쌍륙雙六을 던지고 놀았는
> 데 크게 졌다.
> 1645년 3월 15일 ; 이날 북병사가 북쪽지역을 순찰하면서 회령부에 도착
> 하였다. 이때 갑옷을 갖추어 입고 10리 앞에 마중 나갔다 왔다.
> 바람이 크게 불었다. 월매·설매 등과 함께 병사 앞에서 종일 쌍
> 륙을 던지고 놀았으나 이기지 못했다. 오후에는 월매가 가야금
> 을 타고 연합燕合에게 노래를 부르게 하였으며, 또 나에게도 노
> 래를 시켰다. 노래는 내가 크게 이겼다.
> 1646년 1월 1일 ; 전체 문안 인사를 하고 망궐례望闕禮216)를 행하고 이어
> 좌기하였다. 여러 관직자가 예를 올리고 행영 노비들을 점고하였
> 다. 그 후 한 무리는 기생들과 편을 나누어 쌍륙 놀이를 하고, 한
> 무리는 비장들과 편을 나누어 활쏘기를 하고, 또 한 무리는 악기를
> 연주하고 노래를 불렀다.

---

214) 『일기①』 1605.12.26.
215) 『일기②』 1645.3.14/3.15.
216) 궁궐이 멀리 있어서 직접 궁궐에 나아가서 왕을 배알하지 못할 때 멀리서 궁궐을
  바라보고 행하는 예이다.

부사나 병사가 보는 앞에서 군관들이 기생과 어울려 쌍륙 놀이를 하는 것으로 묘사되고 있는 것으로 미루어 상관의 눈치를 보거나 별다른 거부감이 없던 놀이였던 듯하다. 대개 기생들의 솜씨가 더 뛰어났든지 좀체 군관이 이기지 못하는 모습도 보인다. 특히 정월 초하루 설날의 놀이 모습이 인상적인데, 아침에 정해진 의례를 행하고 난 뒤에 노는 놀이는 주로 세 가지였다. 쌍륙 놀이, 악기 연주와 노래, 활쏘기가 그것이었다.[217]

2) 강우량 재는 단위

비가 올 때마다 박취문은 비가 어느 정도 왔는지를 기록해 두었다. 강우량을 재는 단위가 재미있다. 일기에는 호미와 보습이 강우량을 재는 단위로 주로 표현되었다. 반서半鋤, 일서一鋤, 반리半犁, 일리一犁, 이리二犁와 같은 표현이다. 아마 빗물이 땅속에 스며든 정도를 표현한 것으로 생각된다. 예컨대 일서一鋤는 호미 하나 정도의 깊이를 스며들어 적실만큼 비가 왔다는 의미였을 것이다. 즉 호미질하기 좋을 정도로 온 비의 양을 가리키는 것이었다.

이를 통해 당시 강우량의 정도를 파악하는 단위로 위와 같은 표현들이 널리 이용되었음을 확인할 수 있었다. 특히 일리우一犁雨는 쟁기질하기 좋을 정도로 온 비를 가리키는 단어로 한 시 등에 익히 사용되던 표현이었다.

3) 연어잡이

8월 중순에서 9월 초순에 걸쳐 행해진 연어잡이도 특기할 만한 하다. 이때 박취문은 경성의 북병영에 복무하고 있을 때였다. 경성 남쪽의 진보를 둘러보는 남순에 나선 북병사를 모시고 성진을 조금 못 미친 지점의 차천

---

217) 『일기②』 1646.1.1.

遮川이라는 하천에서 연어를 많이 잡아 회를 떠서 먹었다.218) 연어잡이의 시작이었다. 남순을 마치고 북병영으로 돌아온 후 연어잡이에 본격적으로 나서게 되었다. 1645년 일기에는 그 상황이 다음과 같이 기록되어 있다.

> 8월 27일 ; 북병사를 모시고 강변에 나아가 연어 160여 마리를 잡아 회를 떠서 먹고 돌아왔다.
> 9월 1일 ; 북병사와 또 강변에 나아가 연어 120마리를 잡고 저녁에 돌아왔다. 나는 공방을 감독하는 일로 가지 못했다.
> 9월 2일 ; 북병사는 또 강변에 갔으나 단지 6마리만을 잡고 돌아왔다.
> 9월 4일 ; 도사·판관·찰방이 연어를 잡기 위해 먼저 포항浦項으로 나아갔고, 나는 북병사를 모시고 또한 나아갔다. 내가 동개전筒箇箭으로 쏘니 화살을 맞은 연어가 얕은 여울 아래위로 퍼덕였다. 위아래 많은 사람이 모두 구경했다. 북병사 또한 직접 화살을 쏘았으며, 배행한 여러 사람 중에 동개를 찬 사람들이 모두 다투어 쏘아댔다.219) 화살이 빗발 같았다.
> 9월 7일 ; 북병사는 주을온강朱乙溫江가에 나갔으나 단지 연어 수십여 마리를 잡고 즉시 돌아왔다.

경성 북병영 근처에 연어가 회귀하는 하천이 곳곳에 있었다. 경성 근처의 강과 포항, 남쪽으로 32리 떨어진 주을온강에 주로 연어가 많이 올라왔다. 근처 강변에서 많이 잡을 때는 160마리를 잡았고, 적게 잡을 때는 단 6마리밖에 잡지 못한 날도 있었다. 그럴 때는 좀 더 멀리 떨어져 있는 다른 하천을 찾았다.

북병사는 열흘 남짓한 기간에 닷새나 연어잡이를 하러 나갔다. 특히 9월 4일에는 유생들의 고강을 위해 들린 함경도 도사를 위시하여 북병사, 경성

---

218) 『일기②』 1645.8.17.
219) 동개는 활과 화살을 꽂아 넣어 등에 지도록 만든 물건으로 흔히 가죽으로 만든다. 활은 반만 들어가고 화살은 아랫부분만 들어가도록 만든다.

판관, 찰방 등 많은 지휘관급이 총출동하였다. 박취문은 이때 깃을 크게 댄 화살인 동개살을 쏴서 물가에 있는 연어를 많이 맞추어 잡았다. 동개살을 가진 군관은 모두 다투어 쏘아대니, 화살이 빗발 같았다고 한다.

그 전날에도 화살로 연어를 쏴서 잡았는지, 아니면 다른 방법으로 잡았는지는 분명하지 않다. 아마 화살로 잡은 것을 특별히 기록해 놓은 것으로 미루어 일반적인 방법은 아니었을 가능성이 크다. 보통은 다른 방법으로 잡았을 듯한데, 이와 관련하여 일기에는 연어잡이 그물을 만들었다는 기록이 있어서 참고된다. 박취문이 회령에 복무할 당시인 5월 13일 일기에는 연어를 잡는 그물을 만들기 위해 가문비나무 껍질을 구하러 많은 사내종을 모아 산으로 보냈다는 내용이 기록되어 있다.[220] 이로 미루어본다면 그물을 이용하여 연어를 잡았을 가능성이 크다.

4) 월동을 위한 숯 만들기

함경도 두만강변의 겨울은 길고 추위는 매서웠다. 거기에다가 눈이라도 내리면 며칠 동안 꼼짝없이 갇혀 있기 일쑤였다. 그럴 때를 대비하여 월동 준비를 단단히 하여야 하였다. 각 진보에서는 숯을 만드는 것이 겨울 대비의 연례행사였다.

박취문이 행영에서 복무하던 1645년 겨울에 월동 준비의 하나로 숯을 자체적으로 만들어 보관하던 모습이 일기에 소개되어 있다. 행영에서 주변 산에 올라가서 적당한 나무를 베어 숯가마로 옮기고, 완성한 숯을 행영으로 옮기는 데 북병사가 직접 나서서 진두지휘하였다. 그 정도로 많은 인력이 동원되어야 하는 큰 행사였다. 북병사는 친히 성안의 사람 천여 명을 이끌고 산으로 향하였다는 데서 이 작업의 규모와 중요성을 짐작할 수 있다.

---

220) 『일기②』 1645.5.13.

12월 11일 ; 병사가 숯을 운반하기 위해서 성안의 사람 천여 명을 거느
　　　　　리고 친히 산에 올라갔다가 밤에 돌아왔다.
12월 12일 ; 역시 숯을 묻었다.
12월 13일 ; 역시 숯을 묻었다.
12월 14일 ; 크게 좌기하여 군사들에게 음식을 주며 위로하였다.
12월 22일 ; 병사는 숯을 운반하는 것을 친히 감독하기 위해 매탄소埋
　　　　　炭所에 행차했다가 저녁에 돌아왔다.
12월 27일 ; 병사가 친히 행차하여 숯 5천여 석을 옮겨 쌓아놓으니 굉장
　　　　　하였다.

　숯을 만들고 옮기는 이 일련의 작업은 보름 이상 계속되었다. 작업이 끝
났을 때 보관 장소에 쌓아놓은 숯은 총 5,000석에 이르렀다. 박취문으로서
는 처음 보는 장관이었다.

제4부

마음 급한 귀향길

20장 복무 기한의 만료

박취문은 북병영의 행영에서 북병사 휘하의 군관으로 복무의 말기를 보내고 있었다. 동절기를 맞이하여 북병사가 본병영이 있는 경성에서 두만강에 가까운 행영으로 전진 배치하여 비상근무에 들어간 것이었다. 북병사는 행영에 도착하자마자 조총 400자루를 만드는 일의 책임자로 박취문을 지명하였다.[221] 이때 박취문은 10개월인 의무 복무기간을 채 한 달도 남기지 않은 시점이었다. 조총 400자루는 한 달 정도의 시간 안에 만들 수 있는 것이 아니었기에 책임을 맡지 않으려 호소하였지만 통하지 않았다.

조총을 한창 만드는 중에 박취문의 복무 기한이 끝났다. 아마 일기에는 나오지 않았지만 박취문의 방환 공문도 도착하였을 것이다. 대개 방환하라는 공문이 도착하고 지휘권자인 북병사가 확인하면 그날로 방환되는 것이 상례였다. 실제 함께 부방을 온 동료인 김사룡은 복무를 마치고 고향으로 돌아갔다.[222] 하지만 북병사가 허락하지 않으면 끝난 것이 아니었다. 박취문을 위한 북병사의 배려는 울산에서 함께 온 박이돈과 이석로까지도 직권으로 붙잡아두는 것이었다.[223] 대단히 이례적인 경우였다.

그렇게까지 무리하면서 조총 만드는 일의 책임을 맡길 정도로 북병사는 박취문을 신임하였던 것이다. 드디어 해를 넘겨 1646년 1월 22일에야 방환의 명령이 떨어졌다. 조총은 400자루를 채우지 못하였으나, 총을 만들 쇠가 다 떨어져서 만들래야 만들 수 없는 상황이었기 때문이었다. 북병사도 더는 잡아둘 수 없어서 방환 문서에 서명하였다. 박취문은 즉시 후임자에

---

221) 『일기②』 1645.10.30.
222) 『일기②』 1645.11.27.
223) 『일기②』 1645.11.21.

게 인수인게 작업을 하였고, 이어 간단한 전별연을 가졌다.

> 1월 24일 ; 오전에 회계를 마치고 물건 일체를 계산하여 후임자에게 맡
> 겼다. 필장총畢莊銃 187자루와 미장총未莊銃 98자루를 합쳐
> 모두 285자루, 그리고 사냥총 3자루를 후임자에게 맡기는 일
> 을 마쳤다. 먼저 방직을 경성으로 보낼 때 병사에게 고하여
> 복생卜生에게 말미를 주어 함께 보냈다. 후에 전송 인사를 받
> 고 이어 잔치를 열었다. 밤이 되어 파하였다.

다음 날 박취문은 행영에서 출발하였다. 함께 근무하던 동료 군관 이석
로가 미처 떠날 준비가 되지 않자 급한 마음에 박이돈과 먼저 출발하는 조
바심을 부렸다. 어차피 중간에서 만날 것임을 아니까. 복무 기간 전반부에
근무하였던 회령에도 인사할 사람이 많았다. 회령 박이돈의 주인집에 잠시
머물다가 월매 집에 들렀다. 저녁에 들어가서 회령부사를 뵙고, 밤이 되어
서는 또 판관을 뵙고 인사드렸다. 방직기였던 의향은 마침 촌가에 가고 없
었다. 알고 지냈던 위·아래 사람들이 밤에 대단히 많이 방문하여 이별의
인사를 하였다. 파총 정윤신을 비롯하여 많은 친하게 지낸 사람들이 붓 만
드는 데 쓰는 황모黃毛를 선물로 주었다. 허국촌은 담비 가죽을 이별의 선
물로 주었으며, 월매는 세포 20척을 선물로 주었다.[224]
다음날인 26일 이른 아침밥을 먹은 후에 부사에게 하직하고 또 부사의
별실에게도 하직 인사를 하였다. 부사는 소녹피小鹿皮 1령, 황모 10조, 백미
4두, 좁쌀 4두, 콩 4두, 소금에 절여서 말린 연어 5마리, 문어 1마리, 말린
꿩 5마리를 내려주었으며, 별실은 따로 향초피鄕貂皮 2령을 주었다. 그리고
부사는 남문에 나와 앉아 판관과 함께 전송연을 베풀어 주었다.[225] 방직기
였던 의향도 촌가에서 급하게 돌아와서 인사를 나누었다. 관청으로부터 받

---

224) 『일기②』 1646.1.25.
225) 『일기②』 1646.1.26.

은 물건은 모두 월매, 의향, 설매 등 친하게 지낸 기생들에게 나누어 주었다. 이석로는 아직 행영에서 오지 않았고, 박이돈은 회령에 며칠 더 머물기로 해서 박취문은 혼자 경성을 향해 출발하였다. 회령을 조금 벗어난 지점인 비식모로碑石毛老에 회령의 동료 군관 및 서로 친하게 지낸 사람들이 술을 가지고 와서 전별해 주었다.[226]

풍산豊山에 도착하여 숙박한 후 부령을 거쳐 1월 28일 경성 북병영에 도착하였다. 며칠간 머물며 여러 사람들과 작별 인사를 하였다. 하루는 경성 판관이 전별연을 열어주었고, 또 하루는 좌수와 간부급 군관들이 전별연을 성대하게 열어주었다. 또 다음 날은 북병영의 동료 군관들이 전별연을 열어주었다.[227]

2월 5일이 되어서야 함께 울산으로 돌아갈 이석로와 박이돈이 경성에 도착하였다. 하지만 이번엔 날씨가 도와주지 않았다. 눈이 한 길 정도 와서 통행할 수 없었으므로 종일 주저앉아 있을 수밖에 없었다. 답답한 마음에 판관을 모시고 설경을 보러 다녀오는 것으로 조급한 마음을 달랬다.[228] 마침 새로 부임하는 병마우후가 도착하여 인사드렸다.[229] 그럴 때마다 밤에는 크고 작은 술자리가 열렸다.

2월 12일 드디어 떠나는 날이 되자, 경성 판관이 쌀, 콩, 말죽 각 6두와 어물을 많이 보내주었다. 감관과 군관, 향소 등도 곡물과 반찬을 보내주었다. 행자가 넉넉한 박취문은 이를 귀양살이하는 좌랑 정대용 집에 상당량을 보내주었다. 판관은 또 전별연을 열어주었다. 친하게 지냈던 군관들과 기생들, 그리고 방직 태향은 오리정에까지 따라와서 작별의 아쉬움을 나누었다.[230]

---

226) 『일기②』 1646.1.26.
227) 『일기②』 1646.2.1/2.3/2.4.
228) 『일기②』 1646.2.6.
229) 『일기②』 1646.2.9.
230) 『일기②』 1646.2.12.

21장 집으로 돌아가는 길

집으로 돌아가는 길은 온 길의 역순이었다. 지나는 고을마다 안면이 있던 수령들은 잔치를 열어주고 식량과 반찬거리를 보내주며 작별의 정을 표하였다. 알고 지내던 기생들도 와서 석별의 정을 나누었다.

그중 2월 14일에 도착한 길주에서 군관들이 재미삼아 하는 결투의 모습도 흥미롭다. 의무 부방을 마치고 귀환하는 처지여서 엄격한 병영에서의 긴장이 풀어진 데다 길주목사가 호방하게 장단을 맞추어 준 것이 한몫하였다. 목사와 함께한 활쏘기 자리에서 별것도 아닌 일로 박취문과 장두민 사이에 언쟁이 벌어졌다. 이석로가 중간에 끼어들어 제안하기를 활쏘기 시합을 통해 '지는 자는 참수해버리자'라고 하면서 판을 깔았다. 이에 다음날 목사 입회하에 두 사람 간에 활쏘기 시합이 열렸다. 10순을 쏘아 박취문이 50발을 모두 맞추어 46발에 그친 장두민을 이겼다. 이후 장면은 다음과 같이 진행되었다.[231]

> 미리 불러둔 소잡는 백정에게 칼을 갈게 하였다. 활쏘기를 마친 즉시 이석로와 박이돈은 직접 장두민을 뜰 아래로 붙잡아 내려 두 손을 뒤로 젖혀 묶은 후에 백정에게 빨리 참수하라고 하였다. 그때 목사가 말하기를 "하늘이 내린 형제들이 삼천리 밖에까지 동무 삼아 함께 왔다가 함께 돌아가야 하는데, 차마 버리고 돌아가지도 못하며 시체를 운반해서 돌아가기도 역시 어려우니, 송아지로서 목숨을 대신케 하는 것이 어떻겠는가?"라고 하였다. 대답하기를 "목사의 말씀이 진실로 옳습니다. 단지 송아지의 값은 많아도 불과 6승포 한 두필 밖에 되지 않는데, 장두민의 값은 적어도 사오필 아래로는 되지 않으니, 송아지로서 그 목숨을 대신하자는 말씀은 따르기가 어렵습니다."라고 하였다. 목사가 웃으며

---

231) 『일기②』 1646.2.21.

말하길 "장두민의 가격이 어찌 큰 소 가격에까지 이르겠는가. 그만 송아지를 잡게 하라."라고 말한 다음 이어 또 말하기를 "장두민이 활을 잘 쏘지 못한 것은 전적으로 그 방직인 태옥의 죄다."라고 하면서 잡아들여 광대 옷을 입히고 종일 춤을 추게 하였다. 또 목사가 말하기를 "내일 설욕전을 하지 않을 수 없을 것이라."라고 하였다. 이에 내일 설욕전을 하기로 굳게 약속하고 파하였다.

결투에 진 사람을 참수하는 대신에 소를 잡게 하는 것으로 결정되었는데, 장두민이 큰 소 한 마리 가격에는 미치지 못하니 송아지를 잡는 것으로 흥정이 되는 수모를 감당하여야 하였다. 목사의 심술궂은 심판이 이어졌다. 장두민이 힘을 제대로 쓰지 못하고 진 것의 근본책임을 그의 방직기에게 물어 광대옷을 입혀 춤추게 하면서 분위기를 북돋웠다. 나아가 내일 설욕전을 하지 않을 수 없을 것이라며 재대결을 부추기기도 하였다.

과연 다음날 아침밥을 먹은 후에 곧 설욕전을 열어 활 10순을 쏘았다. 하지만 이번에도 박취문은 49발을 명중시킴으로써 한 발 차이로 장두민을 따돌렸다. 이틀 연속 박취문의 승리로 결투를 가장한 활쏘기놀이는 마무리되었다.[232] 장두민은 길주목사의 총애를 받아 길주에 더 머물러 있기로 하였기에 작별하고 다시 길을 떠났다.

2월 30일 남병영이 있는 북청에 이르렀다. 병영에 근무하는 사람들은 다 업무로 바쁘게 지내고 있었다. 남병사는 마침 봄철 순찰을 하러 떠나 자리에 없었고, 북청 판관은 함경도관찰사 문병차 함흥에 가고 없었다. 우후는 산간에 설치된 요새를 점검하러 나갔다가 큰비를 무릅쓰고 밤중에야 돌아왔다. 그 와중에 초료를 지급하지 않는 향리를 불러 알아듣게 타일러 겨우 받아 올 수 있었다.[233] 이런 고을은 빨리 떠나는 것이 상책이다. 비가 그치기를 기다려 새벽에 길을 떠났다. 잠시 그쳤던 비는 다시 오기 시작하였다. 보슬비라면

---

232) 『일기②』 1646.2.22.
233) 『일기②』 1646.2.30.

무릅쓰고 길을 재촉하기도 하겠지만 큰비를 만나면 머물 수밖에 없었다. 며칠째 내린 비로 하천물이 불어나서 작은 냇가도 건너기가 쉽지 않았다.[234]

3월 5일 겨우 함흥에 도착하였다. 작년에 올 때 묵었던 집주인 오장손은 그새 세상을 떠나고 없었다. 초료도 받지 못하였을 뿐 아니라 비까지 내려 할 수 없이 머물러야 하였다. 마침 도내유의 딸인 기생 고온 모녀가 어찌 알았는지 술을 가지고 와서 대접해 주었다.[235] 박취문이 부방하러 오던 길에 편지를 전해준 인연이 있던 모녀였다. 경상도 의흥 땅에 살고 있던 아비 도내유에게 보낼 편지를 가지고 온 것이다. 이 편지가 이들 부녀 생전의 마지막 편지일지도 모른다는 생각에 가슴이 먹먹해진다.

3월 9일 고원을 떠나 문천 고을 못미처 있는 전탄箭灘을 건너면서는 죽을 고비를 넘겨야 하였다. 비로 인해 물이 불어난 하천을 사람은 작은 말구유 모양으로 생긴 통선桶船을 타고 겨우 건널 수 있었다. 타는 말은 배의 꼬리 부분에 매달아서 건널 수 있었다. 그러나 짐 싣는 말이 문제였다. 짐 실은 말은 두세걸음 못가서 넘어지고, 또 짐을 싣고 다시 넘어지곤 하였다. 무사히 건넌 이석로는 먼저 앞서갔다. 박이돈과 함께 뒤처지게 되었는데, 박취문은 자신이 타던 말에 짐을 실어 박이돈에게 부탁하여 먼저 데려가라고 하였다. 그런 후 자신은 박이돈의 종 이생과 함께 짐 싣는 말 한 필을 끌고 뒤따라 천천히 가기로 하였다. 당시 이 짐 싣는 말은 새끼를 낳기 직전의 힘든 상태였는데, 실제로 3일 뒤 새끼를 낳았다. 어쨌든 세 군관은 제일 먼저 보이는 인가에서 만나기로 하고 따로 움직이게 되었다. 비는 억수같이 퍼부어서 낮이지만 앞을 분간할 수 없는 지경이었다. 일기에는 그 당시의 어려운 상황을 다음과 같이 묘사하고 있다.[236]

　　　큰비가 마치 물을 쏟아 붓는 것 같았고, 천지가 밤처럼 어두웠다. 원

---

234) 『일기②』 1646.3.4.
235) 『일기②』 1646.3.6.
236) 『일기②』 1646.3.9.

근을 분간할 수 없어서 또한 인가가 있는지 없는지 알지도 못했다. 또 기다리는 사람이 없으므로 먼저 간 사람들이 머무르는 마을을 지나쳐 서 한 걸음 한 걸음 앞으로 나아갔다. 문천 15리 남짓 미치지 못한 무인 지경의 산골짜기에서 같이 가던 말이 갑자기 넘어져 전혀 움직이지 않 았다. 날은 이미 저녁이라 어두웠고 비 또한 크게 내렸다. 부득이 말을 길에다 버리고 말안장은 이생에게 짊어지게 하였다. 활과 화살, 환도 등 의 물건은 내가 직접 찼다. 입고 있는 저고리와 바지는 모두 진흙탕으 로 축축해졌다. 어두운 저녁 무렵 엎어지고 넘어지면서 어렵게 문천 읍 내에 도착하였다. 동네마다 돌아다니면서 천만번 소리 질러 불렀으나 아무도 없었다. 어떤 사람은 혹 미친 사람으로 의심을 했다. 미친 듯이 부르고 다니면서 저녁밥도 얻어먹지 못한 데다 몸 또한 춥고 얼어서 숨 이 곧 끊어질 것 같아 다시 소리를 지를 힘도 없었다. 마침 이엉을 많이 쌓아 둔 곳이 있어 누울 곳을 만들려고 아래쪽 7·8묶음을 빼내고 구멍 을 만들어 이생과 함께 그 구멍속에 들어가서 약간 휴식을 취하였다. 마치 백옥루白玉樓 제1층에 오른 것 같았다. 그러나 굶주림과 추위로 죽 을 것 같은 한계에 도달하였다.

이에 도저히 참을 수 없는 지경에 이르자 무작정 한 집을 박차고 들어가 서 협박조로 사정을 하여 겨우 하룻밤을 묵을 수 있었다. 집주인이 내주는 따뜻한 좁쌀 막걸리와 반 묶음의 땔감으로 한기를 덜 수 있었다. 박취문은 이날 마신 좁쌀 막걸리를 천금에 비유하였다.

다음날 비가 갠 후 이석로와 박이돈 일행이 종 이생의 이름을 부르며 나 타났다. 박취문이 버리고 온 짐 싣는 말도 끌고 나타났다. 알고 보니 박취문 이 어제 두 일행이 머무는 곳을 모르고 지나쳐서 문천 읍내까지 온 것이었 다. 일기에는 이날의 고생을 "뼈에 새길 만큼의 어려운 고통을 어찌 필설로 다하며, 백골이 되더라도 어찌 잊을 수 있겠는가."라고 표현하였다.[237]

3월 12일 드디어 안변에 도착하였다. 안변에는 믿을만한 사람이 있어서

---

237) 『일기②』 1646.3.10.

부방하러 올 때도 융숭한 대접을 받았던 곳이었다. 안변부사의 형은 서울에 가고 없었지만, 그 어머니는 있었기 때문에 식량과 술, 반찬을 비롯하여 여러 가지 편의를 마음 편히 제공받을 수 있었다. 받은 것이 넉넉하여서 동료인 이석로와 박이돈에게 나누어줄 수 있을 정도였다. 함께 죽을 고생을 한 종 이생에게도 조금 나누어 주어 정을 표하였다.

3월 14일 강원도 땅으로 접어들었다. 흡곡현의 수령은 종성부사의 동생이었기 때문에 형의 편지를 전해주고 각별한 대접을 받았다. 해안을 따라 내려오면서 올라갈 때 묵었던 집에서 묵어가는 경우가 많았다. 그럴 때마다 집주인들은 반갑게 맞이하면서 편의를 봐주었다. 더러는 술을 가지고 찾아오는 사람도 있었다. 하지만 마냥 순조롭지만은 않아서 천변에서 노숙할 때도 있었다. 비를 만나면 어쩔 수 없이 머물러야 해서 조바심도 났다.

3월 29일 경상도 땅에 들어섰다. 마음이 급해졌다. 영해 병곡역은 올 때 봉변을 당했던 곳이어서 잊을 수 없는 곳이다. 말먹이를 주기 위해 잠시 머물렀다. 역인이 말먹이 콩과 어물을 많이 준비해 넉넉하게 대해 주었으며, 술도 가지고 와서 종들에게 주는 등 친절하게 대하였다. 생각은 뻔하여 서로 알지만, 모르는 체하면서 그때의 불편했던 일은 입 밖에 내지 않았다.

청하 송라역까지 오니 평소 친분이 있는 사람들이 많이 사는 곳이었다.[238] 여러 가지 편의를 볼 수 있는 지역에 들어온 것이었다. 집까지 그리 멀지 않아서 마음이 급하였다. 친구의 말과 역마를 교대로 얻어 바꿔 타고 드디어 1646년(인조 24) 4월 4일 울산 집에 도착하였다. 집을 떠난 지 약 1년 4개월만이었다. 박취문은 일기의 마지막을 감격에 찬 어투로 다음과 같이 마무리하였다.[239]

"부모님을 뵈니, 기쁨이 극에 달하여 슬픔으로 변해서 흐르는 눈물을 멈출 수가 없었다."

---

238) 『일기②』 1646.4.2.
239) 『일기②』 1646.4.4.

부록

조선후기 무과급제자의 의무 부방제와
그 운영 실태

Ⅰ. 머리말

16세기말 조선의 북방 변경지역은 여진족의 성장에 따라 긴장이 고조되어갔다. 1583년 회령의 번호藩胡 이탕개의 반란은 대립 충돌의 신호탄이었다. 이후 두만강변의 여러 변진에 대해 크고 작은 침입이 지속해서 일어났고, 점차 압록강 변으로까지 확대되어갔다. 조선은 적절하게 대응하여 침입을 방어하였지만, 전투 과정에서 희생자가 나오기 마련이었고, 더러 군진이 함락되었을 때는 큰 피해를 보기도 하였다. 때에 따라서는 국경을 넘어가 여진 부락을 쳐부수어 근원지를 소탕하는 전략을 쓰기도 하였다.

조선으로서는 변방지역의 군사력을 보강하여 시급히 방어력을 높여야 하였다. 군사력 보강의 목적에서 취해진 것 중의 하나가 무과에 새로 급제한 신출신新出身에게 부과한 1년간의 의무 부방赴防 조치였다. 무과는 유인책으로 훌륭한 방안이었다. 무과 급제자는 간부의 역할을 담당할 수 있는 고급 인력이었고, 국가에서 손쉽게 구할 수 있던 훌륭한 자원이었다. 이들에게 부방을 의무화하는 것은 큰 재정적 부담 없이 우수 인력을 확보하는 방안이었다. 뿐만 아니라 변방에서의 근무 경험을 통해 무인의 역량을 향상시키는 효과도 있었다.

지금까지 무과 급제자의 부방에 대해서는 무과에 관한 연구에서 논급된 바 있다. 일찍이 이홍렬은 조선조를 초기·중기·후기 세 시기로 구분하여 시기별로 만과萬科의 변화 양상을 제시하였는데, 이 과정에서 무과급제자의 부방과 미곡 납부에 관해서 개괄적으로 논급한 바 있다.[1] 다만 변화의 계기나 원인은 구체적으로 다루지 않았기 때문에 정세 변화에 따른 계기적 이해에는 미치지 못하였다. 그리고 소략한 연구의 공백을 채우고 이해

---

* 부록은 『역사교육논집』 제 80집(역사교육학회, 2022)에 수록된 우인수의 논문임.
1) 이홍렬, 「만과 설행의 정책사적 추이 – 조선중기를 중심으로 – 」, 『사학연구』 18, 1964.

의 한계를 극복하기 위한 구체적 검토의 필요성을 과제로 남겼다.

　우인수는 울산지역 무과급제자의 부방 일기에 관한 분석을 통하여 무과 출신자의 의무 부방을 소개하면서 법령의 규정을 간략히 논급한 바 있다.[2] 다만 규정과 사례에 대한 지적에 그쳐 의무 부방제의 전모를 드러내지는 않았다. 심승구는 조선후기에 시기별로 시행된 만과를 하나하나 분석하면서 시행 동기와 운영 파악에 초점을 맞추어 그 이해를 심화시키는 논문을 발표하였다.[3] 여기서 무과 급제자의 부방 문제도 다루었으나, 급제자의 수요처의 하나로 논급하는 정도에 그쳤다. 무과 급제자의 의무 부방제에 대한 구체적인 해명은 여전히 해결되지 못한 채 과제로 남겨졌다.

　이에 본고는 무과 급제자의 의무 부방에 초점을 맞추어 그 전모를 밝히고자 한다. 북방의 긴장이 고조되는 상황 속에서 신급제자의 부방이 의무화되는 시행 과정을 살피고, 이어 의무 부방제의 규정과 실태를 살피도록 하겠다. 그리고 변경의 긴장이 소강상태에 들어가면서 의무 부방제의 운영 방식이 변화하는 모습도 추적하고자 한다.

　무과 신급제자를 대상으로 한 의무 부방제의 운영을 살피는 것은 무과와 무과급제자에 대한 이해를 넓힐 수 있다. 무과에 관한 연구는 근래 많이 이루어졌지만, 급제한 이후 급제자의 상황이나 역할에 대해서는 충분히 해명되었다고 하기 어렵다. 무과에 급제한 이를 대상으로 한 의무 부방제는 이를 이해하는 데도 일정하게 기여할 수 있다. 그리고 무과 급제자의 급증 현상을 국경 방어 인력의 충원과 국가 방어력 증대라는 관점에서 드러낼 수 있을 것이다.

---

2) 우인수, 「『부북일기』를 통해 본 17세기 출신군관의 부방생활」, 『한국사연구』 96, 1997.
3) 심승구, 「조선후기 무과의 운영 실태와 기능-만과를 중심으로-」, 『조선시대사학보』 23, 2002.

II. 북변北邊의 긴장 고조와 부방의 의무화

조선은 건국이래 명 중심의 조공책봉체제라는 당시 국제질서 속에 편입되어 있었다. 같은 시기 만주 지역의 여진인은 크고 작은 부족 단위로 흩어져 살고 있었다. 크게 보면 건주여진, 해서여진, 야인여진으로 구분하였는데, 아직 국가 형태를 갖추고 있지는 못한 상태였다.[4] 명은 요동도사遼東都司 소속의 25위衛를 중심으로 이들을 적절하게 통제하고 견제하면서 변방의 안정을 기하고 있었다.[5]

조선은 세종대에 북쪽으로 영토를 확장하여 압록강과 두만강을 국경선으로 확정하였다. 압록강 상류의 4군과 두만강 유역의 6진 개척이 바로 그것이다. 이에 따라 함경도 쪽까지 내려와 흩어져 살던 일부 여진인은 압록강과 두만강 바깥으로 밀려나게 되었다.[6] 이때 근거지를 잃고 밀려난 여진인의 일부가 새롭게 설정된 국경지대 인근에 머물면서 조선에 힘입어 살아갈 수 있도록 허락받았다. 바로 번호藩胡의 존재였다.[7] 조선은 번호에게 관작을 제수하기도 하고, 소금을 위시한 생필품을 제공해주면서 변방지역을 안정적으로 관리하였다. 번호는 여러 가지 변방 정보를 조선에 알려주면서 조선의 외곽 울타리로서의 구실을 하였다.

16세기 말 건주여진에 누르하치라는 지도자가 나타나서 주변 부족을 통

---

4) 박원호, 「조선초기의 대외관계 - 15세기 동아시아정세」, 『한국사』 22, 국사편찬위원회, 1995, 261~263쪽.
5) 남의현, 『명대 요동지배정책 연구』, 강원대학교출판부, 2008, 60~71쪽.
6) 김구진, 「조선초기의 대외관계 - 여진과의 관계」, 『한국사』 22, 국사편찬위원회, 1995, 341~345쪽.
7) 두만강변의 번호의 존재에 관해서는 다음의 논고를 참고하라. 한성주, 「조선전기 두만강 유역 女眞 藩籬·藩胡의 형성과 성격」, 『한국사학보』 41, 2010 ; 「조선 변경정책의 허와 실 - 두만강 유역 여진 번호의 성장과 발전 - 」, 『명청사연구』 42, 2014 ; 김순남, 「조선전기 5진 번호 동향의 추이」, 『역사와 실학』 46, 2011 ; 박정민, 「누르하치의 두만강 유역 진출과 조선의 번호 상실」, 『인문과학연구』 43, 강원대학교 인문과학연구소, 2014.

합하고 영역을 확장하면서 국가 수립을 위한 기초를 닦았다. 건주여진의 세력 범위가 남쪽으로도 확대함에 따라 점차 조선과 가까이 맞닿게 되었으며, 국경 너머 완충지대는 점점 얇아졌다. 압록강과 두만강을 경계로 하는 국경 지역에 여진인이 더 빈번하게 출몰하기 시작하였다. 자연히 국경 주변에서는 크고 작은 충돌이 일어나지 않을 수 없는 상황이 되었다.[8]

1583년(선조 16) 2월 두만강변 회령의 번호 이탕개가 반란을 일으켰다.[9] 이탕개는 무리를 이끌고 경원부 일대의 여러 성을 포위하고 공격하였다.[10] 그가 평소 평화적으로 교류하던 곳을 무력으로 쳐들어온 것이다. 변경지역의 군현을 통해 필요한 물품을 교환하여 이득을 얻던 번호들이 일부 조선 지방관의 부당하고 무리한 요구에 참지 않고 들고 일어났다. 변경지역 지방관의 부당한 침탈에 대한 불만이 계기로 작용하였지만, 근본적으로는 여진인의 성장이 바탕에 깔려있었다고 본다.

이로 인해 경원부와 안원보의 성이 함락되었다.[11] 경원성이 함락되면서 시체가 들을 덮고 해골이 쌓여 산을 이루었으며, 가족을 잃은 원통한 울부짖음이 길에 가득하고 통곡 소리가 땅을 흔들었다고 한다.[12] 며칠 뒤에는 온성부 훈융진이 번호의 공격을 받아 포위당하였으나 첨사 신상절이 힘을 다하여 잘 막아내었다. 이어 온성부사 신립과 합세하여 힘써 싸운 끝에 적의 목 50여급을 베고, 두만강 너머까지 추격하여 번호 부락을 소탕하고 돌아왔다.[13]

---

8) 『선조실록』 23, 22년 7월 12일 정사. 평안도 병마절도사가 올린 장계에 건주위 누르하치가 스스로 왕을 칭하고 군사를 4개 부대로 크게 나누어 주변 지역을 속속 복속시켜 나가는 상황이 담겨있다.
9) 이탕개의 난에 관해서는 최근의 두 논문을 참고하라. 송우혜, 「조선 선조조의 이탕개란 연구」, 『역사비평』 72, 2005 ; 윤호량, 「선조 16년(1583) '이탕개의 난'과 조선의 대응」, 『군사』 82, 2012.
10) 『선조실록』 17, 16년 2월 7일 경인.
11) 『선조실록』 17, 16년 2월 9일 임진.
12) 『선조실록』 17, 16년 2월 14일 정유.
13) 『선조실록』 17, 16년 2월 13일 병신 ; 14일 정유. 이때 건원보을 지키던 부령부사

　조정에서는 북병사 이제신을 중심으로 하고, 남병사 김우서를 방어사로 삼아 바로 응징케 하였다.[14) 북병사 이제신은 군사를 이끌고 두만강을 건너가서 반란에 가담한 여진인의 근거지를 거의 처부수었다. 특히 반란에 가담한 여진인 강경파의 거주지인 탁두卓頭 부락을 소탕한 것은 큰 성과였다. 소탕을 피해 숨어있는 곳까지 추격한 끝에 150여명의 수급을 거두어 귀환하였다.[15)

　이탕개의 난에 대한 대응으로 즉시 두만강 너머 여진 부락을 토벌하여 일정한 성과를 거두기는 하였으나, 여진인의 소요 사태를 근본적으로 막는 해결책은 아니었다. 여진족의 중심세력에는 타격을 주지 못하면서 오히려 침략의 구실만을 제공하여 긴장감만 고조시킬 수 있었기 때문이다. 거기다가 조선은 명의 정책에 따라 여진과 직접 통교가 금지되어 있었던 점도 대응을 어렵게 만드는 요인이었다. 명은 주변국의 상황을 자신의 관리하에 두어 명의 안위를 보장하고자 하였다. 조선으로서도 운신의 폭이 제한적인 상태였기 때문에 건주여진에 대해 효율적으로 대응하기에는 어려움이 있었다.

　이후에도 여진인은 수시로 변경지역을 침범하면서 긴장 상태를 끌어올렸다. 이탕개를 위시한 경원, 회령, 종성, 온성의 번호들이 공모하여 무리를 지어 곳곳을 습격하면서 난동을 이어갔다. 그들의 침입은 약탈과 분풀이에 머무는 수준이었지만, 『선조실록』에 나타나는 당시의 피해 상황은 다음과 같이 심각한 상태였다.

　① 2천여 기騎의 오랑캐 무리가 종성의 강가에 모여 있고 그중 10여 기가 먼저 여울을 건너오기에 1명을 쏘아 죽이고 그가 타고 있던 말을 빼앗았더니 물러갔다. 이는 대개 회령·종성·온성 등지의 번호藩胡들

　장의현도 적의 파상적인 공격을 잘 막아내었다.
14) 『선조실록』 17, 16년 2월 7일 경인.
15) 『선조실록』 17, 16년 2월 28일 신해.

이 경원의 오랑캐들과 통모通謀하여 배반한 것이다.16)

② 이달 5일에 오랑캐 2만여 기가 종성을 포위하여 출신군관出身軍官 권덕례·최호와 그밖의 토병土兵들 다수가 피살되고 병사兵使도 포위되었다.17)

③ 오랑캐 무리가 성을 4면으로 포위하고 일진일퇴를 거듭할 때 아군은 사람 하나 없는 듯이 모두 성에 올라가 지키고만 있다가 오랑캐들이 앞다투어 성 아래로 몰려왔을 때를 이용하여 급히 승자총통을 난사하여 철환鐵丸이 비오듯 쏟아지니,18) 오랑캐들이 모두 퇴주退走하기 시작하였다.19)

④ 1천여 기騎의 오랑캐 무리가 이달 13일에 종성鍾城을 포위했다가 이기지 못하고 후퇴하였고, 16일에는 또 동관潼關·방원防垣 등지를 포위했다가 퇴각하였으니…20)

⑤ 이달(5월) 19일에 오랑캐 무리 수만여 기騎가 동관을 포위했다가 물러갔고, 종성鍾城·회령會寧 근처의 번호들도 틈을 타고서 가만히 도발하여 사람과 물건을 닥치는 대로 훔쳐가기를 하루도 거르는 날이 없어 너무나 통분하다.21)

⑥ 적호賊胡 2만여 기騎가 방원보防垣堡를 포위했다가 이기지 못하고 물러갔는데, 그때 조방장 이발 등이 문을 열고 추격하여 적의 머리 1급을 베었다. 고령첨사高嶺僉使 변기邊璣가 적호 2명을 목베고 방원보의 복병장 윤안성이 적 2급을 베었다.22)

이때 번호의 난동은 육진 여러 지역에 흩어져 있던 번호가 연합하여 일

16) 『선조실록』 17, 16년 5월 6일 정해.
17) 『선조실록』 17, 16년 5월 13일 갑오.
18) 『선조실록』 17, 16년 6월 11일 신유.
19) 『선조실록』 17, 16년 5월 17일 무술. 당시 번호 孝汀이 會寧酋 尼湯介와 원래 원수의 사이여서 그가 비워둔 틈을 타서 그들의 廬舍를 모조리 불태워 버렸으므로 오랑캐들이 할 수 없이 군대를 철수하여 강을 건너가 버렸다.
20) 『선조실록』 17, 16년 5월 26일 정미.
21) 『선조실록』 17, 16년 5월 26일 정미.
22) 『선조실록』 17, 16년 8월 1일 경술 ; 『선조실록』 17, 16년 8월 2일 신해.

으켰다는 점에서 문제의 심각성을 느낄 수 있다. 그 규모는 2천여명의 기병으로서 하나의 성을 포위하여 공격할 정도로 규모도 컸다. 무과 급제자로서 부방하던 출신군관을 비롯하여 토병들이 공방 과정에서 전사하였으며, 북병사가 성안에 포위된 적도 있었을 정도였다.

조선은 건주여진을 비롯한 여진의 성장을 단독으로 저지하거나 견제할 능력을 갖추고 있지 못하였다. 방어력 강화 외에 별다른 뾰족한 방법이 없는 상태였다. 당시 조선의 방어체제는 전국이 진관체제에 따라 편제되어 있었는데, 특히 북변지역은 양계갑사兩界甲士와 정병正兵을 유방군留防軍으로 하여 항상 거주지에 주둔하면서 지키도록 하고 있었다. 조선 정부는 사태의 추이를 주시하면서 방어적인 측면에서 국경지대에 병력을 보강하는 방책에 우선 주력하였다. 국경지대에 군사 배치를 늘리고, 무기체계를 최신화하는 한편 인적·물적 자원을 동원하기 시작하였다.

먼저 문제가 된 경원부의 수령을 전라도 수군절도사 이일로 교체하였다.[23] 그리고 서울의 장사將士들을 모두 북방으로 보내 전력을 보강하려고 하는 한편 경상도와 전라도 지역의 수령이나 변장邊將 중에서 적합한 인물은 체임시켜 서울로 모이게 하였다. 그리고 특별히 경상도 관찰사 류훈도 일단 체임시켜 서울로 올라와 대기하게 하였다.[24]

이어 방어 인력과 무기를 보강하는 조치를 하나하나 취하였다. 먼저 공사천公私賤 잡류雜類로서 활을 잘 쏘는 자 2백 명을 골라 그들에게는 각기 면포와 쌀을 주고, 또 활을 쏘지 못하는 백성들에게는 각각 보保를 주어 전마戰馬를 갖추게 하여 두 조로 나누어 급히 북도로 들여보냈다.[25] 이어 서울에서 활 솜씨가 능한 자 1백 명을 더 뽑아 들여보냈고, 군기시의 편전片箭 1천 부部와 장전長箭 5백 부를 들여보냈다.[26] 그리고 출신이나 양반 및

---

23) 『선조실록』 17, 16년 4월 7일 무오.
24) 『선조실록』 17, 16년 7월 16일 을미.
25) 『선조실록』 17, 16년 5월 13일 갑오.
26) 『선조실록』 17, 16년 5월 26일 정미.

공·사천을 따질 것 없이 전라·경상도에서 각각 8백 명, 충청도에서 6백 명을, 황해도에서 5백 명, 개성부에서 1백 명, 서울에서 2백 명 도합 3,000명의 정병精兵을 차출하였다.[27]

군량 확보도 반드시 뒤따라야 하는 중요한 조처였다. 비상시국임을 내세워 고위층의 협조와 참여를 독려하였다. 동·서반의 당상과 종친 종2품 이상은 각기 쌀 1석씩을 내어 함경도 안변으로 운송 납부하게 하였고, 동·서반 4품 이상과 종친 부정副正 이상은 각기 쌀 1석씩을 모두 안변에 내게 하였으며, 함경도와 평안도 박천 이북의 고을을 제외한 나머지 외방의 수령들은 모두 모곡耗穀으로 정미正米 2석씩을 안변에 운송 납부하게 하였다.[28]

전 감역 박인적을 둔전 판관으로 삼아 함경도로 보내 둔전을 만들고 또 소금도 구워 이것으로 곡식을 무역하여 군량을 넉넉하게 하도록 하였다. 또 충주 판관 최덕순이 교성巧性이 있다 하여 그를 체임한 후 경직京職으로 경차관 칭호를 붙여 함경도로 보내 은銀을 채취하여 취련吹鍊한 후 화매和賣하도록 하였다.[29] 죄질이 나쁜 중죄인을 제외한 나머지 일반 죄인에 대하여는 곡식을 북도北道에 바치는 것으로 속죄贖罪하게 하는 조처까지 취하여 군량을 확보하였다.[30]

또한 무과를 수시로 열어 인력을 보충하고자 하였다. 정례보다 더 자주 그리고 더 많은 수를 뽑았으며, 거기에다가 2차 시험을 생략하기도 하는 등 융통성을 발휘하였다. 1583년(선조 16) 4월 초시에 입격한 100명 전원을 복시를 생략한 채 전시에서 순서를 정해 합격시켰다. 이때 뽑은 무과 급제자 100명을 3개 조로 나누어 함경도 지역 방어에 투입하였다.[31] 이 조처가 무과에 급제한 신출신을 북도에 부방하게 한 첫 공식적인 사례이다. 부방

27) 『선조실록』 17, 16년 6월 11일 신유.
28) 『선조실록』 17, 16년 5월 13일 갑오.
29) 『선조실록』 17, 16년 4월 7일 무오.
30) 『선조실록』 17, 16년 4월 19일 경오, 5월 1일 임오.
31) 『선조실록』 17, 16년 4월 4일 을묘 ; 『선조실록』 17, 16년 2월 30일 계축 ; 『선조실록』 17, 16년 4월 1일 임자 ; 『선조실록』 17, 16년 5월 18일 기해.

기간과 같은 구체적인 규정이 바로 마련되어 시행되지는 못하였으나[32] 무
과 시험이 거듭되면서 신급제자의 부방이 하나의 의무로 규정되었고 나중
에는 법제화되어 법전에도 수록되었다.

같은 해 8월 선조는 홍화문에 나아가 별시 무과의 전시를 치렀는데, 이
때 합격자가 무려 5백 명이었다.[33] 같은 해 12월에는 무과 합격자 80명을
선발하면서는 강서講書를 면제할 것을 특명하기도 하였다.[34] 이들도 모두
함경도 방어에 투입된 것은 물론이었다. 이후 무과 급제자를 대상으로 한
부방은 하나의 의무적 관행으로 굳어져 간 것으로 보인다. 무과 급제자를
뽑아서 변방 방어에 의무적으로 투입하는 것은 최소 비용으로 우수한 병
력 자원을 확보하는 효과적이자 손쉬운 방안이었다. 조정에서는 무과의 횟
수를 늘리고 뽑는 인원을 늘려갔다. 의무적으로 전방에 투입되는 조건임에
도 무과 응시를 원하는 사람이 있는 한 유지될 방안이기도 하였다.

III. 의무 부방제의 운영 실태와 규정

1. 신출신 군관의 서북방 방어 활동

조선 조정은 뛰어난 장수와 적합한 수령을 북방에 투입하고, 각도의 정
병 수천 명을 뽑아 인원을 보강하였다. 무기와 군량도 다양한 방법으로 모
아 충당하고자 노력을 기울였다. 그리고 무엇보다 무과 합격자를 많이 뽑
아 부방에 임하게 하는 새로운 조치를 시행하였다. 이런 노력 끝에 대군을
두만강 너머로 보내 번호의 근거지를 습격하여 토벌할 수 있었다. 이 과정
에서 적지 않은 전공을 세워 이탕개 난에 상응하는 응징을 가함으로써 조

---

32) 『선조실록』 17, 16년 7월 16일 을미.
33) 『선조실록』 17, 16년 8월 24일 계유.
34) 『선조실록』 17, 16년 12월 12일 경신.

선 조정의 위엄을 보였다.

　하지만 이탕개의 난이 일어난 지 수년이 지나도록 변방은 안정되지 못하였다. 더러 두만강을 넘어가서 배반한 번호들을 소탕하는 성과를 올리기도 하였지만, 이탕개를 잡지도 못하였고 근본적인 대책도 마련하지 못하였다. 상호 대립·갈등하는 불안정한 시간이 흘러갔다. 1587년(선조 20) 9월경 일군의 번호들이 다시 경흥부의 녹둔도를 쳐들어왔다. 경흥부사 이경록과 조산만호 이순신이 초기 대응을 적절하게 하지 못하여 10여명이 피살되고 백 명이 넘는 조선인이 잡혀가는 일이 일어났다.[35] 이때 신급제자로서 부방을 하고 있던 군관이 용감히 싸우다가 전사한 처절한 모습에 관한 북병사 이일의 보고는 신출신 군관의 활약상을 잘 드러내주고 있다.

　　　군관 김몽호의 수본手本에 '지난 9월 24일 녹둔도의 접전에서 힘껏 싸우다가 전사한 사람은 신급제 오형과 임경번 등 11인이다.'고 하였습니다. 신이 제단을 설치하고 제사를 지낼 때 향수香水로 목욕시키며 자세히 살펴보니, 오형은 얼굴이 가로 잘리고 목덜미 왼쪽도 비스듬히 절단되었으며 등에는 화살을 맞았습니다. 임경번은 왼쪽 겨드랑이에 화살을 맞았고 얼굴에도 화살을 맞았습니다. 삼가 살펴건대, 녹둔도가 함락될 적에 장사將士와 군민軍民들은 한결같이 모두 바람에 쓰러지듯 속수무책으로 잡혀간 사람이 여러 사람이었지만 오직 오형 등 11인만이 모두 용맹스럽고 날랜 군사로서 몸으로 적의 칼날을 막으며 죽을 때까지 항전하였습니다.[36]

　북병사 이일은 곧 반격을 가하여 경흥부의 번호 마을을 소탕하여 회복하는[37] 한편 두만강 너머로 진격하여 난동을 일으킨 번호의 주 근거지인 시전부락時錢部落을 소탕하였다. 이 토벌에는 함경도의 군사와 서울에서 파견된 경군 도합 2,500명이 동원되었다. 새벽에 부락을 습격하여 200여 채의 장막을 불태우고, 380여명의 여진인을 참살한 후 전원 무사히 돌아왔다.[38] 하지만 가장 세력이 컸던 우두머리는 빠져 달아났다가 몇 달 뒤 몰래 쳐들어와서 백성과 소를 여전히 노략질하였고, 또 두만강 하구 바다에 작은 배를 타고 나타나 난도卵島를 습격하기까지 하는 등 변경지역의 긴장과 갈등은 지속되었다.[39]

급기야 여진인의 침입이 압록강 변에서도 일어나기 시작되었다. 압록강 상류지역으로 함경도 남병영 관할인 갑산부 부근과 압록강 하류지역으로 평안도 관할인 강계부·창성부 부근 국경선 안에 무장한 여진인이 출몰하기 시작하였다. 전선이 두만강에 이어 압록강 근처까지로 확대된 것이다. 1585년(선조 18) 9월에는 평안도 강계부 추파보의 관할 구역에 들어온 여진인 20여명이 격퇴된 바 있었다.[40] 선조 20년 8월에는 여진인 백여기가 함경도 갑산부 운룡보 근처까지 들어와서 백성과 가축을 약탈하였는데, 이를 간파하고 추격하던 운룡보 군사들이 도리어 매복에 걸려 많은 사상자를 내기도 하였다.[41] 선조 20년 9월에도 무장한 여진인 천여기가 국경을 넘어 들어와 갑산부 관할의 혜산진을 포위하는 일이 일어났는데, 이때는 장졸들이 잘 막아 물리쳤다.[42] 하지만 이듬해 다시 여진인이 쳐들어왔을 때는 접전 중에 첨사는 화살을 맞아 죽었고, 많은 군관과 군졸이 살상되었다.[43] 이에 대한 대응으로 남병사 신립은 압록강을 건너가서 여진 부락을

---

38) 『선조실록』 22, 21년 1월 27일 신해.

39) 『선조실록』 22, 21년 6월 14일 병인. 선조는 신립과 이일 같은 명장이 있을 때는 그런대로 지탱할 수 있겠지만 이들이 언제까지 상주할 수는 없는 형편인데, 혹 저들 중에 지모가 있는 자가 나온다면 마운령 이북은 저들의 소유가 될 것이라는 걱정을 하는 지경에 이르렀다.(『선조실록』 22, 21년 11월 8일 정사)

40) 『선조실록』 19, 18년 9월 13일 경진.

41) 『선조실록』 21, 20년 8월 26일 계미.

42) 『선조실록』 21, 20년 9월 24일 경술.

43) 『선조실록』 22, 21년 2월 16일 기사.

소탕하고 돌아왔다. 신립은 고미포古未浦의 여진 부락에 들어가 정벌하여 여진인 20명과 말 3필을 참획斬獲하는 성과를 올렸다.44)

북변이 안정되지 않은 상태에서 임진왜란이 발발하였다. 조정에서는 군사를 최대한 확보하려는 목적에서 무과를 자주 열었다.45) 그렇게 양산한 신급제자를 전장에 투입하여 일본군과 싸우게 함으로써 부방의 의무를 대신하게 하였다.46) 1592년(선조 25) 5월 함경도 남병사 신할이 병사를 이끌고 서울로 들어와서 선조를 알현한 뒤 한강을 방어하기 위해 나갈 때 선조는 무과 신급제자 50명을 신할에게 붙여주었다.47) 무과 신급제자가 임진왜란시에 전장에 투입된 첫 사례일 것이다. 신할은 함경도 정병을 지휘하여 다수의 전공을 세웠으며, 그때 무과 신급제자도 상당한 역할을 하였을 것으로 짐작된다.

무과 신급제자와 기존 급제자를 막론하고 임진왜란 전후에 무과에 급제한 자는 대략 8,600명 정도로 추산되는데, 양남兩南과 양계兩界 지역의 출신을 제외한 나머지 급제자를 1년에 1개월씩 서울에 와서 궁성을 호위하도록 하려는 방안이 모색되기도 하였다.48) 1596년(선조 29)에는 제주도에 무과 신급제자 100명을 입방시켜 일본군의 침입에 대비케 하기도 하였다.49)

임진왜란 시기 전후 수십 차례의 무과를 실시한 것은 오로지 한창 기세를 펼치고 있는 일본군을 격멸하기 위해서였다. 하지만 출정할 자를 점고할 즈음에 무과에 급제한 자들이 온갖 방법으로 모면하기를 꾀하여 애당초 길을 떠나지 않거나 혹은 중도에서 뒤떨어지거나 혹은 겨우 전쟁터에

---

44) 『선조실록』 22, 21년 윤6월 2일 계미.
45) 임진왜란기 무과와 관련한 연구로는 다음 심승구의 논고가 주목된다. 심승구, 「임진왜란 중 무과급제자의 신분과 특성」, 『한국사연구』 92, 1996 ; 「임진왜란 중 무과의 운영 실태와 기능」, 『조선시대사학보』 1, 1997.
46) 『선조실록』 40, 26년 7월 28일 경진.
47) 『선조실록』 26, 25년 5월 2일 신유.
48) 『선조실록』 70, 28년 12월 26일 갑자.
49) 『선조실록』 71, 29년 1월 14일 신사.

당도하자마자 이내 도망하기도 하였다.50)

　한편 임진왜란 중에도 북변의 동향이 심상찮을 때는 무과 급제자를 전방에 투입하는 조처가 취해졌다. 건주여진 세력의 확장에 따른 긴장 상태가 압록강을 사이에 두고 지속되었기 때문에 특히 평안도 지역 급제자의 복무 여건은 최악의 상태에 놓여있었다.51) 1593년(선조 26) 11월에는 함경도 관찰사 윤탁연의 요청에 따라 함경도 남병영 관할지역 출신 무과 신급제자 일백명이 방어를 위해 국경지대에 투입되었다.52) 임진왜란으로 인해 조선의 북방 경계 태세가 느슨해진 틈을 타고 그동안의 북병영 관할의 두만강 유역이 아니라 새롭게 남병영 관할의 압록강 상류 국경지대를 침범하는 사례가 늘었기 때문이었다. 압록강 상류 지역은 워낙 오지인데다 띄엄띄엄 떨어져 있는 단약한 방어처로는 효율적인 방어를 하기에 어려움이 많은 터였다. 그 틈을 타고 여진인이 마구 침범하는 통에 방어에 애를 먹는 상황이었다. 급기야 여러 성이 습격을 받아 분탕을 당하거나 함락되는 일이 빈번하게 일어났다. 그 과정에서 부방에 나선 신급제자도 화를 당하는 일이 일어났다. 함경도 관찰사 윤탁연의 보고와 비변사의 상황 보고가

---

50) 『선조실록』 41, 26년 8월 25일 병오. 그 외 전투에 투입된 신급제자의 문제점을 지적한 사례를 들면 다음과 같다. ① 무과에 급제한 사람들이 거의 4천 명에 이르는데 이 사람들은 화살 하나를 맞춰 과거에 급제한 자들로서 집에 돌아가 편안히 있습니다.(『선조실록』 35, 26년 2월 8일 계사) ② 순변사 이빈의 첩정을 보니 전쟁에 나가기를 꺼려서 精兵으로서 도망한 자가 1천 1백 79명이고 새로 급제한 자로서 도망한 자가 3백 49명이나 됩니다.(『선조실록』 35, 26년 2월 28일 계축) ③ 비변사가 회계하기를, 근래 국가에서 여러 번 무과를 실시하여 인재를 널리 뽑았으나, 정작 난리가 나자 용맹을 떨쳐 적에게 달려가 싸운 자는 하나도 없습니다.(『선조실록』 40, 26년 7월 2일 갑인) ④ 새로 출신하여 赴戰하는 사람들이 沿道에서 作亂하는 짓이 끝이 없어 그들이 지나는 곳은 왜적이 분탕한 곳보다 심하다 하니 매우 통분스럽습니다.(『선조실록』 40, 26년 7월 11일 계해) ⑤ 박진의 서장을 보건대 신급제 중에 도망한 자가 4백여 인이나 된다고 하였습니다.(『선조실록』 41, 26년 8월 25일 병오)

51) 『선조실록』 77, 29년 7월 22일 정해.

52) 『선조실록』 44, 26년 11월 22일 임신.

당시 압록강 상류 국경지대의 어려운 상황을 잘 알려주고 있다.

> 감파甘坡의 분방한 사람이 진고進告하기를 "수를 알 수 없는 적호賊胡
> 가 몰려와 성을 포위하여 서로 싸우고 있었는데 어면만호魚面萬戶가 그
> 소식을 듣고 달려왔다. 적호들은 성을 포위하고 있고 아군은 힘이 지쳐
> 있었는데 오랑캐들이 부대를 둘로 나누어 일시에 성중을 향해 돌격하
> 는 바람에 권관權管과 급제 엄신충·남정 등이 화살에 맞았다." … 지금
> 남도의 초시에 입격한 사람들을 전원 들어보내야 하겠으나 현재 군량
> 이 없으니 너무나 민망하고 염려스럽습니다.53)

압록강 상류 최북단의 삼수군에 속한 자작보自作堡·구비도仇非島·가을파
지加乙波知·감파보甘坡堡·어면포魚面浦 등이 여진 세력에 의해 침입을 받은
상황이었다. 이때 여진 세력의 추장은 김왜두로 추정되는데, 건주위 누르
하치의 영향권 내에 속해 있었으나, 이때의 조선 침입은 누르하치의 명에
따른 것은 아니고 독자적인 판단에 기인한 것으로 알려져 있다.54) 아무튼
이 지역에 무과 신급제 출신들이 부방을 위해 투입되었고, 전투 과정에서
신급제 엄신충·남정 등이 화살에 맞는 부상을 입었다.

임진왜란기에 두만강 육진 지역으로도 여진인의 침입이 여전히 계속되
었다. 1594년(선조 27) 여진 추장 골간骨看이 경원의 서수라보西水羅堡를 침
범하여 사람과 가축을 노략질해갔다.55) 그로부터 두어달 뒤에는 추장 역
수易水가 이라대伊羅大와 안팎으로 체결하여 원근의 여러 종족을 불러모으
고 홀자온忽刺溫까지도 연결하여 온성의 영건보永健堡와 미전진美錢鎭, 종성
의 동관진潼關鎭를 침범하여 성을 포위하기도 하고 주변을 약탈하면서 준
동하는 일이 있었다.56) 온성의 번호는 전통적으로 온순한 편이었으나 이

---

53) 『선조실록』50, 27년 4월 4일 임자.
54) 『선조실록』71, 29년 1월 30일 정유.
55) 『선조실록』53, 27년 7월 19일 을미.
56) 『선조실록』55, 27년 9월 28일 계묘.

렇게 약탈에 나서게 된 데 대해서는 조선의 위령威靈이 떨치지 못한 연유에서이기도 하지만 온성부사 전봉田鳳의 탐학에 일차적으로 기인한 것으로 조정에서는 파악하고 있었다. 예컨대 전봉이 쓴 수법은 구맥瞿麥을 번호에게 나누어 주며 1두斗마다 흑초黑貂 1령令을 징수하는데, 관아에 좌기坐起할 때는 먼저 품질 좋은 초피를 앞뜰에 걸어놓고 견양見樣대로 책납責納하게 하되, 만약 제 때에 납입하지 않으면 번호들을 잡아다가 엄하게 형장을 가하였다고 한다.57) 이에 여러 해 동안 귀순한 번호들이 모두 하루아침에 등을 돌리게 되었다. 이런 탐학한 수령은 잡아 다스리지 않을 수 없지만 그렇다고 함부로 침범하여 약탈하는 번호들을 그냥 두고 볼 수도 없는 일이었다.

이에 북병사 정현룡은 군사 수천을 이끌고 들어가 여진 추장 역수가 쌓아 놓은 견고한 석성을 깨부수고, 역수를 추종하는 3개 부락을 초토화하여 수백명을 사살하는 전공을 세웠다.58) 초토화된 3개 부락 중의 한 곳은 그다지 조선에 해를 끼친 바가 없는 부락이었다. 오인 공격을 한 셈이었다. 그러면 여진인이 그것을 빌미로 삼아 다시 조선에 보복을 감행하는 악순환이 지속되는 것이었다. 실제 선조 29년 온성과 영건보 쪽으로 여진족 추장 홀자온과 우지개, 도비 등이 수천명의 군사를 이끌고 침범하는 등 어수선한 상황이 지속되었다.59)

계속 강공으로만 여진인을 몰아붙이는 데는 한계가 있었기 때문에 조정에서는 무고한 번호藩胡로서 조선을 따르는 자는 은혜를 더하여 줄 것이라는 내용으로 효유하였다. 그리고 지난날 변장邊將이나 수령들이 학대하고 업신여기는 등 잘못된 일은 모두 없애겠다고 약속하며 변방 안정을 꾀하고자 하였다.60)

---

57) 『선조실록』 55, 27년 9월 16일 신묘.
58) 『선조실록』 56, 27년 10월 11일 을묘.
59) 『선조실록』 72, 29년 2월 29일 병인.
60) 『선조실록』 56, 27년 10월 11일 을묘 ; 『선조실록』 59, 28년 1월 15일 무자.

이렇게 두만강변과 압록강변을 가리지 않고 여진인의 침입이 잦아진 것의 원인을 일부 조선 수령들의 탐학에 기인한 번호들의 불만 표출에서 찾을 수는 없다. 수령들의 탐학이 하나의 계기는 되었겠지만, 더 근본적으로는 여진인의 성장과 국제정세의 변화에 주목할 필요가 있다. 여진인의 결속력이 더 높아지면서 세력이 커졌고, 조선의 요새를 넘볼 정도로 힘이 더 강해졌다. 그렇다고 그들이 조선 땅을 자신들의 영토로 만들려는 정도까지는 아니었고, 침탈을 통해 경제적인 이득을 얻고자 하는 것이 주목적이었다고 생각한다.

다만 뒤로 갈수록 누르하치를 중심으로 한 건주여진의 성장은 더 가속화되었고, 급기야 하나의 국가를 형성할 수 있는 단계로 진입하고 있었다. 여진인을 대하는 조선의 대책도 차원을 달리해야 하는 시점이 다가오고 있었다.[61] 이미 무시할 수 없을 정도로 강성해진 건주여진의 누르하치에 대해서는 함부로 대하지 않고 좋은 말로 후대하는 선에서 관계를 유지하고자 하였다. 더구나 누르하치가 여진 땅으로 납치된 조선인을 돈을 주고 사서 14명을 돌려보내는 것으로 우호적인 자세를 보였기 때문에 더욱 그러하였다.[62] 누르하치는 국가 성립 단계에 접어든 격에 맞는 품위를 갖춘 교류를 하고 싶어 하였으며, 그 저변에는 경제적인 욕구와 인정을 받고 싶은 욕심을 가지고 있었다. 명이 엄금하고 있었기 때문에 조선이 바로 누르하치와 교류하며 외교 관계를 맺기는 어려웠지만, 조선에 위협이 될만한 존재에 대한 정보 파악에는 게을리하지 않았다. 명을 통해서도 정보를 모으고, 신충일을 누르하치의 본거지로 파견하여 여러 가지 정보를 취득하고자 노력하였다.[63]

광해군대에도 서북방 지역은 긴장의 끈을 놓을 수가 없는 상태였고, 특

---

61) 김순남, 앞의 논문, 97~98쪽 ; 박정민, 앞의 논문, 185~188쪽.
62) 『선조실록』 62, 28년 4월 14일 병진.
63) 신충일은 누르하치의 본거지를 둘러보고 돌아와 상세한 상황을 보고하였다. 『선조실록』 71, 29년 1월 30일 정유.

히 명의 요청으로 건주여진 공격에 군대까지 파견한 엄중한 상황이었기 때문에 무과 신급제자는 물론이거니와 임진왜란 이후의 기존 급제자들까지 모두 동원하여 서북방 방어에 임해야 하는 상황이었다. 광해군은 다음과 같은 전교를 매년 내리면서 동원을 독촉하였다.

광해군은 "임진왜란 이후의 무과에 급제한 무사가 거의 수만 명에 이르니 그들을 뽑아내어 서북 지방을 방어하게 하는 것이 무슨 거북한 일이 있기에 거행하지 않는가. 속히 수만 명을 뽑아 서북 지방을 나누어 방어하게 하라"고 명하였다.[64] 그리고 1620년(광해군 12) 후금의 형세가 날로 성해지는 상황 보고에는 "적의 형세가 날이 갈수록 성하여 군대를 풀어 노략질을 일삼는다 하니 장래에 무슨 일이 닥칠지 걱정거리가 이루 말할 수 없다. 새 출신들은 합격이 결정된 후 들여보내고, 난리 이후 출신들은 그 수가 수만명 정도가 아닌데 아직까지 뽑아 보내지 않고 있으니 매우 한심한 일이다."[65]라고 하면서 무과 급제자들의 차출을 재촉하기도 하였다.

반정으로 왕위에 오른 인조는 후금의 강성함에 대응하기 위해 평양에 원수부를 두고 방어 태세를 강화하는 조치를 하였다. 하지만 부원수 이괄의 난을 겪은 데 이어 정묘호란과 병자호란이라는 두 차례의 참화를 당하였다. 이후 청의 요청으로 명을 공격하는데 군대를 파견하기까지 하였다. 이러한 국가적 위기 상황이 지속되었기 때문에 신급제자의 부방제는 어느 때보다 강도 높게 시행되었고, 신급제자의 부방이 방어에서 차지하는 비중도 대단히 높았다.

인조는 평안도 방어의 기본 군사력으로 본도의 군사와 함께 무과 신급제자를 꼽을 정도였으며,[66] 비변사에서도 평안도 안주를 방어하기 위한 병력으로 본도 병력 5천명과 수차에 걸쳐 선발한 신급제자 2,700명을 우선 투입할 것을 거론하기도 하였다.[67] 그리고 1644년(인조 22)에는 함경도 관

---

64) 『광해군일기(중초본)』 143, 11년 8월 24일 갑술.
65) 『광해군일기(중초본)』 54, 12년 10월 1일 갑진.
66) 『인조실록』 18, 6년 5월 18일 무인.

찰사의 요청에 따라 평안도 의주에 부방할 예정이던 신급제자 300여명 중
반 정도를 덜어 특별히 함경도로 나누어 주기도 하였다.[68]

이탕개의 난을 계기로 시행되기 시작된 무과 신급제자들의 의무 부방은
변방 지역 군사력 보강을 위할 필요성에서 실시한 것이었다. 북변지역에서
여진족과의 긴장과 충돌이 진정되지 않고 지속되는 한 적극적으로 유지
운용될 수밖에 없었다. 전쟁과 전란의 시기에 신급제자의 의무 부방제는
군의 중간 간부 충원을 위한 중요한 공급원으로 기능하였다. 신급제자들의
전투 참여 행태에 관해서는 부정적인 기사들도 조선왕조실록 곳곳에 실려
있지만, 크고 작은 방어와 공격에서 전투력을 인정받은 것도 사실이다. 적
의 침입에 대응하여 격렬하게 싸우다가 장렬하게 전사하거나 다치기도 하
였다. 무과 신급제자는 우수한 중간 간부로서 변방을 지키는 군 편제에서
중요한 일익을 담당하였다.

2. 의무 부방제의 규정과 운영

신급제자에게 부방을 의무로 부과한 목적에 대해 숙종대 고위직을 지낸
민진후는 국경을 굳건히 하려는 것과 변방의 일을 익히도록 하려는 것 두
가지를 지적하였다.[69] 같은 시기 이세백은 무인으로서 출사 전에 변방의
형편을 상세히 알게 하는 것과 먼 변방에서의 수고로움을 참게 하여 무인
의 자질을 함양하는 것 두 가지를 지적한 바 있다.[70] 훗날 정조도 "변방의
풍토와 산천의 험이險夷를 익숙하게 알도록 하여 뜻밖의 사태에 대비하고
자 한 것이다."라 하여 비슷한 인식을 피력한 바 있다.[71] 이를 종합하면 의

---

67) 『인조실록』 19, 6년 9월 14일 신미.
68) 『승정원일기』 89책(탈초본 5책), 인조 22년 10월 15일 기사.
69) 『국역비변사등록』 72책, 숙종 45년 8월 12일.
70) 『국역비변사등록』 50책, 숙종 25년 5월 2일.
71) 정조도 "무과 입격자들에게 부방하게 하는 일은, 애초에 법을 만든 뜻이 진실로
    좋다. 이는 새로 진출한 武弁들에게 변방의 풍토와 산천의 險夷를 익숙하게 알도

무 부방제를 시행한 의도와 목적은 다음 세 가지로 요약될 수 있다.

첫째, 국경을 굳건히 지키기 위한 목적이다. 능력을 갖춘 중간 간부급에 해당하는 군관으로서의 역할을 할 수 있는 질 높은 인적 자원을 변경에 투입하여 방어력을 강화하는 목적이 일차적으로 지적될 수 있다.

둘째, 변방의 형편을 상세히 파악하고, 변방에서 담당해야 하는 일을 출사 전에 익히기 위한 목적이다. 전방 실습과 체험의 의미가 있는 것이다.

셋째, 무인의 특성상 변방이나 전쟁터와 같은 열악한 환경 속에서 각종 불편함을 참고 견디는 힘과 능력을 키우고 경험하기 위한 목적도 있었다.

이와 같은 목적하에 무과 신급제자는 원칙적으로 부방의 의무를 졌다. 양반이든 비양반이든 구별없이 급제자에게는 모두 부방의 의무가 부과된 것이다.

신급제자의 부방 장소는 함경도와 평안도의 북방 변경지역이었다. 두만강변에 배치된 6진 지역과 압록강변의 7읍을 위시한 도내 요충지에 주로 배치되었다. 다만 평안도 출신의 급제자는 평안도에, 함경도 출신 급제자는 함경도에 우선적으로 배치하여 효율성을 기하였다. 나중에는 국경지대는 아니지만 그에 버금가는 군사요충지에도 배치되는 경우가 있었다. 남한산성 내에 거주하는 급제자에 한해 서북지역 대신 남한산성에서 복무케 하는 예외 규정이 만들어졌다. 그만큼 요충지로서 남한산성의 기능과 역할이 중시되면서 나타난 조처였다.[72]

부방 복무 기간은 1년이 원칙이었으며, 부방한 기일은 나중에 경력으로 인정되어 복무 기일에 합산되었다. 부방하는 동안에는 매월 일정한 급료가 지급되었다. 임진왜란과 같은 전시에는 그러한 규정이 지켜지기 어려웠다. 특히 건주여진 세력의 확장에 따른 긴장 상태가 압록강을 사이에 두고 지

록 하여 뜻밖의 사태에 수용하고자 한 것이다."라고 하여 비슷한 인식을 하고 있었다. 『일성록』 정조 원년 11월 2일 갑자.

[72] 나중에는 북한산성도 추가되었으며, 강화도·제주도·동래·화성 등지도 같은 이유로 추가되었다.

속된 평안도 급제자의 처지가 남달리 딱하였다. 도체찰사 류성룡은 평안도 출신 신급제자의 고통을 다음과 같이 전하고 있어 운영과 관련하여 시사하는 바가 크다.

> 일단 급제한 뒤부터는 보솔保率을 모두 없애버리고 출신이라고 명명하면서 분방分防하는 역사役事가 앞뒤에 잇따르게 됨은 물론 애당초 본래 정해진 번番의 차례도 없고 계획도 없이 그때의 생각대로 하고 있다. 창성 이하의 출신들은 겨울의 얼음 얼 때를 당해서는 지경 안의 모든 보堡에서 분방하게 하고, 해빙된 뒤에는 수상水上의 모든 보에서 분방하게 하며 가을과 겨울의 중간에는 또 만포의 여러 진에 옮기어 방수하게 하는데, 한 줌의 쌀과 한 자의 베도 어느 것 하나 나오는 데가 없다. 무기도 자신이 짊어지고 양향糧餉도 자신이 준비하여 장기간 방수하는 곳에 근무하느라 집에 있을 날이 없으니, 만일 이 일을 일찌감치 변통시키지 않는다면 절대로 지탱하여 보존될 수가 없다.[73]

심지어 힘든 나머지 스스로 목을 매어 죽은 사람도 있고, 더러는 홍패를 관아 대문에 걸어두고 몸만 빠져 도망간 사람도 있었다고 한다. 이에 조정에서는 부방시에는 번을 나누어 기한을 정해 징발하여 쉴 수 있는 시간을 확보해주고, 봉족을 지급하며, 부방한 일수는 계산하여 거관하는 계제로 삼도록 하는 조처를 하였다.[74] 실제로 얼마나 시행되었는지는 확인할 수 없지만, 규정을 정비하는 계기는 되었을 것으로 짐작된다.

인조대 정묘호란 전후한 시기는 복무 기간을 10개월로 운영하고 있었으며, 본인의 식량을 본인이 부담하면 6개월로 단축해주었다.[75] 그만큼 식량 조달이 어려운 문제였기 때문이다. 그리고 전마를 올린 경우는 다시 1개월을 감하여 5개월 복무토록 하였다.[76] 흉년으로 인한 식량 조달의 어려움이

---

73) 『선조실록』 77, 29년 7월 22일 정해.
74) 『선조실록』 77, 29년 7월 22일 정해.
75) 『국역비변사등록』 5책, 인조 16년 9월 25일.

있을 때는 복무처를 이동시키거나 복무 기간을 단축하는 조치를 취하기도
등이 해결책으로 거론되었다. 효종 즉위년에 함경도 북쪽 변방에 심한 기
근이 들어 부방하던 신급제자들을 함경남도와 평안도로 이송하였다.[77] 현
종 1년에도 흉년을 이유로 평안도로 옮겨서 부방케 하거나 말을 제공하는
댓가로 복무 기간을 감해주는 조치를 한 바 있다.[78] 그리고 서울 지역의
신급제자는 12개월, 경기도 지역의 경우는 10개월, 中道 이하의 경우는 7개
월로 각각 차등을 두어 운영하기도 하였다.[79] 변방 복무처를 오가는 거리
의 차이, 현지 식량 수급의 어려움 등을 복합적으로 고려하여 융통성을 발
휘한 것으로 판단된다.

대개 신급제자는 거주지 지역 병마절도사의 점고를 받은 후 출발하여
부방할 지역 병영에 도착하여 점고를 받았다. 복무할 군현을 지정받은 신
급제자는 배정된 지역 수령이나 진장鎭將 휘하의 군관으로서 각종 임무를
수행하였다. 병방이나 공방 등의 책임을 수개월씩 맡기도 하고, 그때그때
일이 생길 때마다 일시적인 임무를 맡아 수행하였다. 예컨대 인조대 회령
에서 의무 부방한 박취문이 기와 만드는 일의 책임을 2달 정도 맡아 수행
한 것을 비롯하여 둑제纛祭의 헌관, 과거시험장의 경비 책임자인 과기차비
관科器差備官, 개시開市가 열릴 때 치안을 담당하는 별금란장別禁亂將 등의
임무를 수시로 맡은 것과 같은 식이었다.[80]

---

76)『승정원일기』60책(탈초본 3책), 인조 15년 8월 7일 임인 ;『국역비변사등록』5책,
    인조 16년 9월 25일.
77)『효종실록』1, 즉위년 8월 28일 을묘.
78)『현종개수실록』4, 1년 9월 24일 병자.
79)『승정원일기』233책(탈초본 12책), 현종 14년 4월 3일 임인.
80) 우인수,「『부북일기』를 통해 본 17세기 출신군관의 부방생활」,『한국사연구』96,
    1997, 50~55쪽. 박취문은 회령에서 복무하던 중 북도병마절도사의 눈에 들어 의무
    부방 기간의 반은 鏡城에서 북병사를 보좌하였다. 그는 工房監官의 임무를 수개
    월동안 맡아 수행하였는데, 특히 조총 400자루를 만드는 작업의 감독 역할을 성공
    적으로 수행하였다. 그리고 북병사가 관할 지역을 순찰할 때는 수행 군관으로서
    간선도로에서 벗어나 있는 요새의 군기 검열을 담당하기도 하였다.

임진왜란과 같은 위급한 시기에 대응하기 위해 조정에서는 무과 초시에 합격한 자 중에서 일본군의 수급을 베어오면 복시에 나아갈 기회를 주어 무과 급제가 일본군의 격퇴에 실질적인 도움이 될 수 있도록 하는 방안을 모색하기도 하였다.[81] 그리고 서얼이나 공사천도 따로 무과 시험을 보여 입격한 뒤에 서얼인 경우에는 적의 수급 둘을 베어 오는 것으로 허과許科 하고, 공사천의 경우에는 수급 셋을 베어 오는 것으로써 허과하는 특단의 방안을 쓰기도 하였다.[82]

부방은 출사의 기회로 연결되기도 하였다. 박취문이 남긴 부방일기인『부북일기』에는 경상도 울산 출신으로 경성鏡城에서 부방하던 박이명이 선전관에 제수된 사례, 황해도 송화 출신으로 온성에서 부방하던 군관 양충운이 수문장에 제수된 사례, 행영에서 부방하던 군관 이민달이 부장部將에 제수된 사례, 언양출신으로 길주에서 부방하던 군관 장두민이 길주목사의 천거로 보로지책甫老知柵의 가장假將에 임명된 사례가 보인다. 박취문도 북병사의 천거로 선전관의 말망末望에 오르기는 하였는데, 낙점으로 이어지지는 못하였다.[83] 이 사례들 모두가 반드시 부방을 통해 얻은 혜택인지는 확언할 수 없지만, 일정한 계기가 된 것은 분명하다고 본다.

신급제자가 정해진 기한 내에 부방하지 않으면 그 지방에 충군하는 벌을 받았다.[84] 그런데 급제자 중에는 애초 부방을 면제받는 경우가 있었다. 급제 성적이 최고 우수한 자에게 면제의 특전이 주어졌다. 두루 알듯이 무과는 성적에 따라 갑·을·병과로 크게 구분되었고, 갑과는 합격자의 규모에 따라 1명에서 3명으로 구성되었는데, 최고 성적을 거둔 갑과 1위 1명에게 면제의 특전을 주었다.[85] 성적 우수자에 대한 포상과 우대의 의미였다. 효

81)『선조실록』40, 26년 7월 16일 무진.
82)『선조실록』40, 26년 7월 17일 기사.
83) 박계숙·박취문 저, 우인수 역,『국역 부북일기』, 울산박물관, 2012.
84)『續大典』,「兵典」, 留防.
85) 그 후 1710년(숙종 36) 민진후의 건의로 갑과 3명 모두를 면제해주는 것으로 확대되었다.(『승정원일기』456책(탈초본 24책), 숙종 36년 8월 26일 무자.) 그들은 후

종대부터는 금군에 속해 있던 자가 무과에 응시하여 급제한 때도 부방을 면제받았다.[86) 겸사복과 내금위 소속 무인이 여기에 해당하였다. 나중에는 별군직別軍職과 가전별초駕前別抄로서 무과에 급제한 자도 부방을 면제받게 되었다. 모두 국왕을 호위하는 중책을 맡고 있음을 고려한 조처였다.

또 70세 이상의 고령 급제자에 대해 면제의 혜택이 주어졌다. 고령자에 대한 우대의 의미에다가 추운 지역에서 복무하기 어려운 현실적인 문제를 고려한 조치로 짐작된다. 1710년(숙종 36) 이후에는 면제 연령이 60세 이상으로 낮아졌다.[87) 그리고 1736년(영조 12)에는 80세 이상의 부모를 둔 급제자도 부방을 면제해주었다.[88) 그 외 무과에 급제할 당시 당상관인 자도 부방을 면제받았다.

IV. 제방미除防米의 징수와 운영의 변화

조선이 급성장한 청에게 굴복하여 군신관계를 맺는 것으로 매듭지어지면서 국경지대에서의 충돌이나 긴장은 오히려 줄어들게 되었다. 더구나 청이 명의 영역까지 차지하게 되면서 동북아 질서도 안정을 찾아갔다. 이에 국경 수비력을 강화해야 할 필요성도 자연 줄어들게 되었으며, 신급제자 부방의 현실적 필요성도 점차 줄어들기 시작하였다.

그동안 제기되지 못하였던 의무 부방과 관련한 문제점이나 애로 사항도 하나둘 거론되기 시작하였다. 국경지대에 흉년이 든 해의 경우에는 부방하

일 부방 면제의 대가로 除防米를 납부하게 한 때도 납미의 대상에서 제외되었다. 부방의 의무를 면제받았으니, 제방미 납부의 대상에서도 제외해 준 것이다.

86) 『승정원일기』 135(탈초본 7책) 효종 6년 5월 4일 정해.

87) 『新補受教輯錄』 「兵典」, 留防 ; 『숙종실록』 48, 36년 7월 14일 정축. 이 규정은 영조 22년에 편찬된 『속대전』에 수록되었다.

88) 『新補受教輯錄』 「兵典」, 留防. 다만 이 경우는 부방을 면제받는 대신 除防米는 내야 하였다.

는 급제자나 그들을 받아들이는 쪽이나 피차 막심한 생활의 어려움을 겪어야 하였다. 무과 신급제자의 부방이 번거로운 폐단을 일으킬 뿐이라는 지적이 제기될 정도였다. 부방의 대가로 물품을 거두는 방안이 해결책으로 제시되기 시작하였다. 양인으로부터도 군역의 부담을 지지 않는 대가로 군포를 거두는 것이 일상화되어 있는 상황이었기에 신급제자로부터도 의무 부방 면제의 대가로 물품을 거두자는 주장은 어쩌면 자연스러운 발상이었다.

부방 면제 대가로 물품이나 미곡을 거두는 것이 점차 일반화된 데는 다음과 같은 세 가지를 배경으로 들 수 있다.

첫째, 군사적 측면에서 국방 경비의 효용성과 필요성을 크게 느끼지 않는 상황이 되었다는 점이다. 조선과 청이 대립 갈등하던 구도가 군신관계의 체결로 종식됨으로써 점차 국경지대에서의 긴장 관계도 완화되어 간 것이다. 이에 따라 급제자들의 부방의 실효성도 약해지게 되었다. 급제자들이 굳이 오지 않아도 경비와 방어에 큰 지장이 없게 된 것이다.

둘째, 한꺼번에 수백 수천명의 급제자를 배출하는 소위 만과가 시행되면서 그 많은 급제자를 국경지대의 각 읍에서 수용할 수도 없는 근본적인 어려움에 봉착하게 된 점이다. 부방의 관점에서만 본다면 필요 이상으로 많은 무과급제자의 배출로 인해 수용 불가능한 상태에 직면한 것이다.

셋째, 흉년이 들 때는 부방하러 오는 급제자나 부방을 맞이하는 현지인이나 모두 어려운 상황이 되었다. 먹을 양식이 충분하지 않은 상황은 양쪽 모두를 매우 힘들게 하였다. 국정을 책임진 신하들이 부담감을 느끼지 않고 문제점으로 거론하기 딱 좋은 사유였다.

위와 같은 시대적 상황 변화와 국가 정책의 변화, 그리고 농사 작황의 부진 등의 복합적인 요인으로 말미암아 무과 급제자의 부방이 전과 같이 시행되기 어려워졌다. 부방의 대안을 모색하는 논의가 이루어지지 않을 수 없었고, 그 대안으로 한결같이 제시된 것은 부방을 면해주는 대가로 물품이나 미곡을 거두는 것이었다.

병자호란 직후 재정적 어려움이 컸던 시기에 부방을 면제해주는 대가로 베를 거두자는 논의가 제기되어 시행하려 한 적이 있었다. 이때 사헌부에서 "부자들이야 부방의 면제를 다행히 여겨 기뻐하겠지만 가난하여 부방하러 가는 자들은 원통하지 않겠느냐."는 점을 거론하면서 조정의 당당한 체모만 손상하는 구차한 일의 중지를 청하였다.[89] 비변사는 사헌부의 논리가 당당하면서도 타당하였기 때문에 철회할 수밖에 없었다. 비변사로서도 차마 첫 사례를 만드는 부담을 지면서까지 시행하고 싶지는 않았던 것이다.

부방을 면제해주는 조건으로 돈이나 말, 피물 등을 거둔 일이 효종대에 몇 차례 있었다. 특히 효종 2년에는 한해에 정시庭試 56인, 알성시謁聖試 12인, 식년시式年試 28인, 칠경별시七慶別試 1,236인 등 총 1,332인의 급제자를 한꺼번에 배출된 해였다.[90] 그때 비변사에서는 방수해서 지킬 일이 특별히 없을 때는 부방하는 고통만 있고 공적인 양식만 축낼 뿐이라고 하면서 부방을 양쪽에 모두 해만 끼치고 이득은 없는 일로 치부하였다. 더구나 흉년이 들었을 때는 양쪽 모두의 고통을 가중시킬 뿐이라는 주장을 폈다. 이에 무과 급제자들은 일정한 물품을 내는 조건으로 부방을 면제받았다.[91]

현종대에도 조총이나 전마와 같이 필요한 물품을 납부케 한 바 있었다. 현종 6년 좌의정 홍명하는 이번 무과 합격자 중 부방의 대상이 되는 자가 500명에 이르러 군량을 충당하기가 매우 어려운 상황임을 지적한 후 마침 서북지역에 들여보내야 할 조총이 부족한 형편이니 신급제자들의 부방을 면제해주는 조건으로 한 명당 조총 10자루씩 거두어 양쪽 문제 모두를 해결하자는 안을 제기하였다. 다만 일률적으로 조총 납부를 강제하지는 말고 자원에 맡길 것으로 조정되어 결국 조총 1,960자루를 확보하기에 이르렀다.[92] 계획대로 한 명당 조총 10자루를 내는 조건이 시행되었다면 500명

---

89) 『인조실록』 36, 16년 4월 18일 신해 ; 『국역비변사등록』 5책, 인조 16년 5월18일.
90) 『무과총요』 2, 효종 2년 庭試·謁聖試·式年試·七慶別試.
91) 『승정원일기』 122책(탈초본 6책), 효종 2년 10월 18일 임술, 19일 계해.

중 196명에 해당하는 인원이 부방을 면제받고 조총을 납부한 셈이었다. 나머지 급제자들은 실제 부방을 하였을 것이다. 다만 현종대에 이르기까지는 부방을 면제하는 조건으로 필요한 물품을 거두더라도 특별한 경우에 한정되어 제한적으로 시행되었다. 이를 제외하고는 직접 부방을 하는 원칙이 대부분 지켜졌다.

부방의 대가로 물품을 거두려는 논의가 활성화되고 확대된 것은 숙종대였다. 여러 가지 편의적인 면을 고려하여 물품은 미곡을 받는 것으로 수렴되어 굳어졌다. 1676년(숙종 2) 만과의 시행으로 1만명에 달하는 급제자가 양산되자 비변사에서 해결책을 모색하지 않을 수 없었다. 이에 영의정 허적은 현실적으로 가능하지 않은 부방 대신 물품을 거두되, 전례가 있는 전마戰馬나 조총의 경우 값이 적지 않아 부담이 크니, 대략 미곡 5석을 정식으로 삼을 것을 건의하였다. 그리고 미곡 5석도 마련하기 어려운 급제자의 경우에는 부방을 갈 수 있도록 조처하였다. 결국 미곡 납부와 부방을 개인이 선택할 수 있게 한 것이다. 그리고 함경북도 출신의 경우는 토지가 척박한 극변이어서 쌀이나 베를 받아들이기도 불편하니 함경도 남북의 진보鎭堡에 나누어 부방하도록 하였다.[93]

한번 부방 면제의 선례를 남기면 다음에도 따를 수밖에 없는 일이 생겨나기 마련이었다. 1678년(숙종 4) 무과의 경우가 그러하였다. 부자가 동시에 급제한 경우에는 상피 규정에 의해 아들이 다음번 무과의 합격자로 등재되는 것이 상례였는데, 1676년(숙종 2) 무과에도 부자가 함께 급제한 경우가 있어서 이 상피 규정이 적용되었던 것이다. 그런데 이번에는 단순히 급제 연도만 바뀌는 것이 아니라 부방 여부가 갈릴 수 있게 된 것이어서 억울하게 여길 일이 발생한 것이다. 이 문제를 원만하게 해결하기 위해 영의정 허적은 1678년에 치른 무과 급제자에게도 부방과 납미 둘 중 하나를

---

92) 『국역비변사등록』 25책, 현종 6년 6월 4일 ; 『국역비변사등록』 25책, 현종 6년 9월 3일.
93) 『국역비변사등록』 32책, 숙종 2년 4월 15일, 18일.

선택할 수 있는 길을 열어줄 것을 건의하기에 이르렀고, 결국 원에 따라 부방과 납미를 허용하는 것으로 결정되었다.[94]

1682년(숙종 8) 권신 김석주 같은 이는 한 걸음 더 나아가 부방 대신에 물품으로 총을 거둘 것을 주장하면서 총가銃價를 내지 않고 부방을 자원하는 급제자에게는 부방 복무 일수를 배로 하는 벌을 주자는 심술스럽게 느껴질 정도의 건의를 하였고, 이는 숙종에 의해 채택되었다. 돈을 내지 못하는 자에게 벌을 주어 다스리자는 말이 정책 입안자의 입에서 나오는 것은 총기 확보가 필요한 상황임을 고려하더라도 부방의 효용성을 낮게 평가하는 인식이 저변에 깔려있음을 알려주는 사례이다.[95] 이제 급제자의 부방은 국가 재정 보충을 위해 부과하는 의무에 불과한 것임을 정책 담당자의 입으로 노골적으로 드러낸 셈이다. 무과를 자주 치르면서 많은 급제자를 양산한 것은 백성의 마음을 얻으려는 의도도 분명히 있던 것이었는데, 벌로 부방 일수를 배로 늘린다는 보복성 정책은 조정의 의도를 의심케 하고 도리어 불만을 야기하기에 충분한 것이었다. 무과 급제를 증대시켜온 이유와 충돌하는 모순적 상황은 조정과 국왕의 신뢰에 타격을 주기 마련이었다. 그 후 이런 조처는 더는 시도되지 않았다.

다만 그 뒤에도 청에 보낼 조총을 확보하기 위한 재원을 마련하기 위해 무과급제자에게 조총 10자루에 해당하는 미곡을 부방의 대가로 거둔 적이 있었다.[96] 여기서 더 주목되는 것은 처음에는 조총 10자루를 거두려고 했으나 조총의 품질이나 가격의 차이 등을 고려하여 그 값에 해당하는 미곡으로 거두는 것이 더 공정하고 합리적이라고 결정을 내린 부분이다. 이에 따라 현물보다는 돈의 구실을 하는 미곡으로 거두는 것이 일반화되어 갔다.

무과 급제자의 부방 면제를 대가로 거두는 물품이나 미곡은 새로운 재원을 확보한 것으로서 가외의 수입으로 재정을 보충하는 의미가 있었다.

---

94) 『국역비변사등록』 34책, 숙종 4년 4월 13일.
95) 『승정원일기』 290책(탈초본 15책), 숙종 8년 5월 11일 무오.
96) 『승정원일기』 345책(탈초본 18책), 숙종 17년 6월 23일 정축.

부방을 면제하는 조건으로 제방미를 거두는 것이 일상적으로 된 것은 신출신 의무 부방제 운영에 있어서 큰 변화였다. 이는 신급제자의 변방 복무가 군사력의 증대나 사전 교육이라는 원래 목적을 포기하는 것을 묵인하는 것이었다. 처음에는 부득이한 사정이 고려되어 어렵게 결정되던 것이 나중에는 관행을 따르는 것으로 좀 더 가벼운 마음으로 결정되곤 하였다. 1686년(숙종 12) 다섯 차례에 걸친 각종 무과,[97] 1694(숙종 20)의 알성시와 별시 무과,[98] 1695년(숙종 21)의 별시와 서도西道 무과,[99] 1696(숙종 22)의 정시庭試와 식년시,[100] 1698년(숙종 24)의 알성시[101] 등이 사료에서 명확하게 확인되는 사례들이다.

부방 면제의 대가로 내는 제방미의 액수는 대개 미곡 5석 전후였다. 액수에 대한 논의도 숙종 20년대를 전후한 시기에 활발하게 일어났다. 처음부터 5석으로 고정된 것이 아니고 5석으로 처음 시작하였으나 흉년과 같은 특수한 사정이 있을 때는 2석, 3석으로 감액하는 융통성이 발휘되다가 점차 5석으로 고정되어 갔다. 1699년(숙종 25) 지사知事 이유李濡의 다음과 같은 진언에 잘 나타나 있다.

　　작년[1698년, 숙종24] 알성시의 무과 출신자들에게 방수防戍를 면제하고 미곡으로 납부할 것을 요전에 결정하였습니다. 그전에는 제방미除防米를 모두 5석씩으로 문수산성에 납부하였습니다. 병자년[1696년, 숙종22]에는 이를 진휼청에 획급하였으며 또한 특히 심한 흉년 때문에 2석으로 감해 받았습니다. 그런데 이번에 여쭙고 결정할 때에 그 수량을 참작하여 3석씩으로 결정하였습니다. 그러나 병자년 이외의 그 이전 출신자로서 5석씩을 문수산성에 납부해야 할 것입니다. 그렇다면 작년[숙

---

97) 『국역비변사등록』 40책, 숙종 12년 10월 5일.
98) 『승정원일기』 362책(탈초본 19책), 숙종 20년 12월 3일 병신.
99) 『국역비변사등록』 49책, 숙종 21년 4월 15일.
100) 『승정원일기』 367책(탈초본 19책), 숙종 22년 9월 13일 병인.
101) 『국역비변사등록』 50책, 숙종 25년 3월 22일.

종24] 무과 합격자만 3석씩으로 감해 받는 것은 불균등한 일이며 또한 후폐에 관계됩니다. 그전 정식대로 모두 마찬가지로 5석씩 납부케 하고, 그 중의 미납자는 역시 일전에 결정한 대로 금년 출신자와 한꺼번에 방수에 나가게 할 것을 분부하는 것이 어떻겠습니까?[102]

그동안 제방미는 5석을 거두다가 1696년(숙종 22)에는 흉년으로 2석을 거두었고, 1698년(숙종 24) 알성시에서는 3석을 거두었다. 이렇게 제방미가 그때그때 사정에 따라 고르지 않아서는 곤란하니 이번 기회에 5석으로 정하고, 납부하지 못하는 자는 부방하게 한 것이다. 이후 대개 경우 5석을 거둔 것으로 나타난다.

제방미로 납부하는 미곡 5석이 어느 정도에 해당하는 액수인지를 당시의 베나 다른 부담과 비교하면 좀 더 이해에 도움이 된다. 미 5석은 미 75두이고, 대개 미 5두가 오승포 1필에 해당하였으므로, 미 5석은 오승포 15필 정도 되었다. 일반 양인의 경우 매년 2필의 군포를 납부하였으니, 양인 1년치 납부 군포의 7.5배에 해당하는 액수를 한 번에 부담한 것이라 보면 되겠다. 결코 가볍다고 할 수 없는 액수이지만, 숙종대 국정을 책임진 정승 허적 같은 이는 '헐한 부담'으로 간주하고 있기는 하다. 영조대부터는 제방미를 5석에서 4석으로 경감하여 대개 징수한 것으로 나타난다.[103] 어쨌든 조정에서는 점차 재정 확보 차원에서 매우 유용한 수단으로 인식하고 또 활용하기 시작하였다.

부방을 면제해주는 대가로 미곡을 거둘 때, 이 업무를 주관하는 관서는 당연히 병조였다. 병조에서 제방미를 거두어 필요한 곳에 군수용으로 적절하게 사용하였다. 다만 몇몇 중요한 전략적 요충지는 편의를 위해 예외로

---

102) 『국역비변사등록』 50책, 숙종 25년 5월 28일.
103) 『승정원일기』 606책(탈초본 33책), 영조 1년 12월 12일 을해 ; 『국역비변사등록』 82책, 영조 3년 11월 19일 ; 『승정원일기』 924책(탈초본 50책), 영조 16년 11월 17일 갑신 ; 『국역비변사등록』 116책, 영조 22년 9월 14일 ; 『국역비변사등록』 133책, 영조 33년 11월 22일.

허용한 곳이 있었다. 먼저 함경도와 평안도에 거주하는 무과 신급제자가 제방미를 납부하게 되었을 때는 병조가 아니라 해당 도에 내게 하였다. 국경지대인 두 도는 어차피 타도에서 군량을 운송해야 하는 곳이기 때문에 납부와 운반의 효율성을 고려한 조처였다. 바다로 멀리 떨어져 있어 운반에 어려움이 있는 제주도의 급제자도 본진에 제방미를 납부하게 하였다. 그 외 군사적인 요충지인 광주廣州, 강화, 동래 지역에 거주하는 신급제자도 제방미를 납미하는 경우 해당 진에 바로 내게 하여 자체 군수용으로 사용하게 하였다.

다만 부방 대신에 쌀을 내게 하는 조치를 했다고 하더라도 집이 가난하여 도저히 규정된 쌀을 납부할 수 없는 자도 있을 수 있었다. 이 경우에는 쌀을 내지 말고 직접 부방을 할 수 있도록 조처해주었다. 제방미를 내지 않거나 지연하는 자들도 나타났다. 1699년(숙종 25) 우의정 이세백은 "방수에 나가지 않은 지가 오래되어 무인으로 출신이 된 자들은 방수에 나가지 않는 것을 보통의 일로 여기고 있습니다. 방수를 면제하고 납부케 한 미곡에 있어서도 즉시 바치지 않아 국법이 행해지지 않고 있으니 참으로 놀랍습니다."라면서 문제를 제기하였고, 함께 입시한 이유는 "을해년[1695년, 숙종21] 이후로 받지 못한 자가 백여 명이며, 그중에는 벼슬하는 자도 있습니다."라고 하면서 문제의 심각성을 지적하였다.[104] 이 문제를 자세히 조사한 병조에서는 조사 결과와 대책을 다음과 같이 내놓아 숙종의 윤허를 얻었다.

근래 출신으로서 응당 방수防戍에 나가야 할 자들을 조정에서 특별히 가엾게 여겨 미곡을 납부케 하고 방수를 면제시켰습니다. 그러나 갑술년[숙종20,1690년] 이후로 지연시키며 납부치 않은 자의 숫자가 매우 많습니다. 그중에는 벼슬하여 늠료를 받으면서도 납부하려 하지 않았으니 근거없는 일로 이보다 심한 것은 없습니다. … 그 납부 여부를 조사하

104) 『국역비변사등록』 50책, 숙종 25년 5월 2일.

였더니 무겸 윤징미·남영, 선전관 조건, 부장 장절, 수문장 장우방·최국량 등은 명령이 내린 후에 비로소 납부하였으며, 신방구비 만호 이순명은 전연 납부하지 않았습니다. 이들은 수년 동안 보통 일로 덮어두었으며 심지어 직위에 있으면서 늠료를 받는데도 미곡을 납부할 뜻이 없었다가 급기야 명령이 내린 뒤에야 비로소 납부한 정상은 매우 놀랍습니다. 결코 납부한 때문에 너그럽게 용서할 수는 없으니 모두 파직시키소서. 그리고 군문 장교로서 소속된 자들은 각기 군문으로 하여금 조사하여 처리토록 하는 것이 어떻겠습니까?[105]

제방미를 납부하지 않은 채 관직 생활을 하는 자가 가장 지탄받아서 파직되었고, 문제가 된 이후 독촉을 받고서야 비로소 납부한 관리도 파직을 면치 못하였다. 그 외 군문에 소속된 이들도 해당 군문의 추가 조사를 통해 각기 응분의 처벌을 받게 되었다. 그리고 경제적 사정으로 미곡을 납부하지 못하는 자는 실제 부방을 하러 가야 하였다.

이와 같은 조처가 취해진 이후에도 제방미를 납부하지 않거나 지연시키는 경우가 계속되었던 듯하다. 20여 년이 흐른 뒤인 1717년(숙종 43)에도 약방 도제조 김창집이 "제방미는 정식이 있기 마련이니 의당 전례대로 받아야 하겠으나 근래에는 기강이 해이하여 즉시 챙겨 내지 아니하고 미수의 폐단까지 있으니 몹시 해괴한 일입니다."라고 지적한 바 있다. 이에 함께 입시한 제조 민진후는 전부터 번번이 이러한 폐단이 있었기에 자신이 작년에 주장하여 3개월 기한 내에 납부하지 않는 자는 조사해서 부방 조치를 하는 규정을 만들었다고 하면서 그 규정대로 시행하면 된다고 하였다.[106] 이렇듯 납부하지 않거나 지연시키는 사례가 잦아 납부 기한을 3개월로 정하는 규정을 만들어 시행하였음을 알 수 있다.

부방 면제와 관련한 획기적인 변화는 영조와 정조대에 있었다. 1734년

---

105) 『국역비변사등록』 50책, 숙종 25년 6월 20일.
106) 『국역비변사등록』 70책, 숙종 43년 9월 15일.

(영조 10)에 무과급제자 중 '양반자지兩班子枝, 개령부방皆令赴防'이라하여 양반 자손은 모두 부방케 하라는 조처가 내렸다.107) 애초 국경지대 부방의 목적이 신진 무관으로 하여금 변방의 사정을 습득하는 데 있었기 때문에 관료로 진출할 가능성이 있는 양반 자손의 부방을 권장하고 강제하는 의미에서 이런 조처가 나온 것이었다.

이 규정은 1746년(영조 22) 편찬된 『속대전』에서 '제방자납미除防者納米 양반자지兩班子枝 물허제방勿許除防'으로 약간 문구가 수정되어 수록되었다.108) 즉 '부방을 면제받는 자는 미곡을 납부해야 하는데, 양반 자손은 부방 면제를 허락하지 않는다'로 되었다. '양반 자손은 모두 부방하게 한다'는 기존의 규정이 '양반 자손은 부방 면제를 허락하지 않는다'로 문구가 바뀐 것이다. 이를 규정 앞부분인 '부방을 면제받는 자는 미곡을 납부해야 한다'는 부분과 결합하여 이해한다면, 비양반 급제자의 경우는 부방을 면제하고 미곡을 납부하게 할 수도 있는 가능성을 열어둔 것으로 이해될 수 있다.

실제 1735년(영조 11) 무과 급제자의 부방을 논할 때 양반 출신은 즉시 부방을 하러 보내고, 중서인中庶人 즉 비양반 출신은 부방을 하거나 납미를 선택할 수 있게 조처한 바 있다.109) 위 『속대전』의 규정은 바로 그러한 상황을 반영한 것이다. 비양반 출신에게 부방과 납미를 선택할 수 있게 한 것은 비양반 출신이 부방 의무를 수행하기가 현실적으로 대단히 어려웠기 때문이었다. 이 점이 심각하게 거론된 적이 있었는데, 1731년(영조 7) 국왕과 김재로 등이 나눈 부방 관련 대화는 많은 점을 시사해준다.

이번 3월 9일 약방 입진入診에 판윤 이삼이 함께 참여하였을 때 제조

---

107) 『承政院日記』 771책(탈초본 43책), 영조 10년 1월 14일 신묘 ; 『新補受敎輯錄』 「兵典」, 留防.
108) 『續大典』, 「兵典」, 留防.
109) 『승정원일기』 801(탈초본 44책), 영조 11년 5월 1일 경자.

김재로가 아뢰기를 "신방新榜 무과武科가 막 지났는데 이번의 부방 여부는 어떻게 해야 합니까? 부방이 비록 실효가 없다고는 하지만 폐한지가 이미 여러 해여서 옛 제도를 보존하는 뜻이 아니기 때문에 작년 정시庭試 때는 부모의 나이 70세가 된 자 이외에는 모두 보냈었습니다. 금년에는 관서 강변江邊 7읍邑의 흉작이 특히 심해서 부방을 면제해도 무방할 듯합니다." … 이삼이 아뢰기를 "합문閤門 밖에 있을 때 이미 말을 나누었습니다. 부방은 외적을 수비하는 뜻인데 근래에 변경에 일이 없어 그들이 전혀 하는 일이 없어 인근 각 고을에서 비럭질하는 것으로 보내고 있습니다. 양반 출신의 호구책糊口策은 이 지경에 이르지는 않았습니다. 또 변방의 사정을 익히는 데 유익함이 있는데, 중서배中庶輩들은 실로 그 효과가 없습니다. 지금 강변 일곱 고을은 흉작이라고 합니다. 신의 뜻으로는 부방을 면제하는 것이 마땅할 듯하며 부방하기를 자원하는 자는 보내도 무방하다고 여깁니다." 하고, 김재로는 아뢰기를 "양반은 더러 감영과 병영의 군관이란 명칭을 얻기도 하고, 더러는 친구의 관아에 가 머물면서 개월 수를 채우기도 하지만 상한常漢은 먹고 살길도 매우 어렵다고 합니다. 이처럼 강변에 흉년이 든 때를 당해서는 매사에 보낼 필요가 없습니다." 하니, 임금이 이르기를 … "이번에는 부방을 면제하라." 하였다.[110]

양반 급제자는 군관으로서의 역할도 부여되고 해서 어느 정도 효과가 있지만 '중서中庶' 즉 양반이 아닌 비양반 급제자의 경우는 전혀 효과도 없으며 변방 생활에서 먹고 살기도 어렵다고 전하고 있다. 심지어 '각 고을에서 빌어먹는다'는 표현을 쓸 정도이니 그 사정을 짐작할 수 있다. 여기서 '중서'는 '중인과 서얼'을 딱히 가리키는 것이 아니라 양반과 대칭이 되는 존재로서 양반이 아닌 자 즉 '중서인中庶人'의 통칭으로 쓰였다고 보는 것이 타당하다고 본다.[111] 같은 자리에서 논의하던 김재로의 경우 '中庶'라

---

110) 『비변사등록』 89책, 영조 7년 3월 12일.
111) 당시 '中庶'라는 표현은 '중인과 서얼'을 가리키기도 하였고, 양반과 천인 사이에 위치하는 계층을 통칭하는 의미로 사용되기도 하였다. 예컨대 "士夫는 두 자급

는 표현 대신에 '상한常漢'이라는 표현을 쓰고 있는 데서도 짐작할 수 있다. 이런 분위기가 만연하게 되면서 부방의 실제 효과는 없고, 불편함과 불만만 가득해지는 상황이 되니 양반만 부방케하고 '중서인'은 점차 부방을 면해주게 되는 분위기가 형성되어 『속대전』에 반영된 것으로 판단된다.

비양반 급제자의 부방 면제 가능성을 열어둔 듯한 『속대전』의 규정은 정조대에 편찬된 『대전통편』에서는 명확한 규정으로 정리되었다. 즉 "양반 자손 외에는 유有·무천無薦을 막론하고 부방을 면제한다."는 조항을 분명하게 첨가하여 명문화한 것이다.112) 즉 양반 자손이 아닌 자는 천거 유무에 관계없이 모두 부방을 면제한다는 내용이다. 비양반 출신의 부방 의무를 없앤 것은 부방제 운영에 있어 큰 변화로 특기할 만하다.

일부라도 한번 풀린 부방제 면제는 양반 출신이라고 해서 제대로 운영되기는 어려웠던 듯하다. 정조 18년경 국왕과 신하들이 무과급제자의 부방 면제와 제방미 징수를 논의하던 자리에서 실제 부방이 이루어지지 않은지가 50년은 족히 된다는 대화 내용이 나온다.113) 이 시점에서 50년 전이라면 대개 영조 22년경으로 『속대전』이 편찬된 즈음이다. 영조대 중반 이후로는 실제 부방이 잘 이루어지지 않은 채 거의 제방미의 납부로 대체되었음을 증언하고 있다. 적어도 그즈음부터는 양반 출신이라도 실제 부방은 부실하게 운영되었음을 알 수 있다.

『대전통편』이 만들어진 직후인 1786년(정조 10) 구윤명이 당대 법전 등을 종합하여 편집한 사찬 법률서인 『전률통보典律通補』는 비록 출판으로 이어지지는 못하였지만, 당대 최고 전문가가 만든 것이기에 내용의 신빙성

을 뛰어 상당한 관직을 제수하고, 中庶 常人은 특별히 실직의 同知를 임명하며'(『영조실록』 34, 9년 4월 22일 계유)에서의 '중서'는 전자의 사례이고, "서로 모일 때에는 士大夫 中庶 下賤을 물론하고 오로지 충절을 귀하게 여긴다."(『경종실록』 7, 2년 4월 13일 정묘)에서의 '중서'는 후자의 사례이다. 따라서 사료에 나타나는 '중서'는 앞뒤 문장의 맥락 속에서 파악하여야 한다.

112) 『大典通編』, 「兵典」, 留防. "[增] 兩班子枝外, 毋論有·無薦, 竝除赴防"
113) 『승정원일기』 1727책(탈초본 91책), 정조 18년 3월 24일 신해.

은 있다고 본다. 이에 의하면 "甲科一人, 禁軍騎士·駕前別軍職及陞堂上人, 年過六十人, 南·北漢城內, 禿城山城城內居生人, 別驍士及中庶, 竝除防·除米"라 하여 부방 면제 대상으로 갑과 1인을 위시한 여러 부류와 함께 '중서인中庶人'이 분명하게 적시되어 있다.[114] 그리고 그들은 부방뿐 아니라 미곡 납부도 면제한다고 되어 있다. 그렇다면 무과 급제자 중 양반 자손은 부방을 가든지 아니면 제방미를 납부하였고, 비양반층은 부방의 의무도 면제받고 제방미의 납부도 면제받았다는 것이 된다.

이렇게 비양반층 무과급제자에게서 납미의 의무까지 면제한 것은 1782년(정조 6)의 병조판서 서유린의 진언에서도 분명하게 확인된다. 당시 서유린은 병조판서로서 갓 급제한 출신들의 부방 처리를 정조에게 아뢰면서 "전에는 갖가지 종류의 면제자와 '중서인'을 제외하고 미곡을 거두는 것이 상례였다"고 하면서 이번에도 전례에 따라 미곡을 거두자고 건의하여 정조의 허락을 받고 있다.[115]

양반 출신 급제자에게도 과거의 종류에 따라 부방과 제방미 모두를 면제해주는 때도 자주 발생하였다. 왕명에 따라 양반 출신 급제자의 부방도 면제해주는 조처가 때때로 내리기도 하였다. 경사로운 일을 기념하여 개최한 경과慶科의 경우가 그러하였는데,[116] 왕실의 경사를 함께 기뻐한다는 취지로 면제 조처를 내린 것이다. 영조대와 정조대의 경과慶科에서는 거의 면제되는 분위기였다.[117] 이렇게 됨에 따라 부방제도의 원래 취지는 점점 무디어져서 점차 실효성을 가지기 어려웠다. 부방제의 개선과 복구에 약간의 관심을 가졌던 정조도 몇 년 뒤 사망함으로써 부방제 복구 노력은 더

114) 『典律通補』, 「兵典」, 留防, 赴防西北邊邑.
115) 『승정원일기』 1523책(탈초본 82책) 정조 6년 12월 28일 경인.
116) 『승정원일기』 1523책(탈초본 82책) 정조 6년 12월 28일 경인.
117) 『국역비변사등록』 133책, 영조 33년 11월 22일 ; 『승정원일기』 1727책(탈초본 91책), 정조 18년 3월 24일 신해 ; 『승정원일기』 1820책(탈초본 96책), 정조 24년 4월 13일 을미.

이어지지 못하였다. 순조 이후로도 제방미의 납부로 대체하는 분위기가 지속되었다. 그런 상황을 반영하여 1865년(고종 2)에 편찬된『대전회통』에는 '의무 부방제가 지금은 폐지된' 것으로 명문화되었다.118)

부방이나 제방과 관련된 규정들이 실제 어떻게 시행되었는지를 살펴보는 것은 제도 이해에 도움이 된다. 부방이 면제된 상황을 모든 무과마다 알 수는 없지만, 구체적인 상황을 제시하고 있는 사례도 있다.『승정원일기』와『비변사등록』에서 찾아 왕대별 시기를 고려하여 몇몇 사례를 제시하면 다음과 같다.

　① (현종 13년) 병조를 담당하는 좌부승지 최일이 병조의 말에 따라 아뢰기를, "七八字缺119) 신출신新出身 원수元數 554인 가운데 장원壯元 1인과 금군禁軍 98인은 부방을 면제하고, 평안도 31인과 함경도 12인, 제주 3인, 정의旌義 3인은 관례대로 본도와 각진에 분방하고, 그 나머지 406인은 구례에 의거하여 북도에 부방하는 것이 마땅하겠습니다.120)

　② (숙종 39년) 병조에서 아뢰기를 증광무과增廣武科의 새 출신 … 원수元數 168인 가운데 갑과 3인, 금군 29인, 나이 60이 넘은 자 1인은 예에 의하여 방수를 면제하고, 평안도 13인, 함경도 5인, 강화江華 10인은 예에 의하여 본도에 나누어 방수하며 … 하니, 알았다고 전교하였다.121)

　③ (경종 3년) 병조를 담당하는 좌부승지 여필용이 병조의 말에 따라 아뢰기를, "이번 증광시 무과 급제자들 … 원수元數 136인 가운데, 갑과甲科 3인과 금군 21인은 관례에 의거하여 부방을 면제하고, 강화江華

---

118)『大典會通』,「兵典」, 留防. "[增] 兩班子枝外, 毋論有·無薦, 竝除赴防. [補] 赴防今廢"
119) 이때 시행된 무과의 종류를 나타내는 글자가 마멸된 것으로 추정된다.『武科總要』에 의하면 현종 13년에 시행된 무과는 별시로서 왕세자가 가례를 올린 것과 왕대비가 건강을 회복한 것 두 가지 경사를 기념하여 열린 것이다.『무과총요』2(아세아문화사 영인본, 1974), 현종 13년 별시.
120)『승정원일기』231책(탈초본 12책), 현종 13년 11월 8일 기묘.
121)『국역비변사등록』66책, 숙종 39년 11월 18일.

1인은 본성本城에 쌀을 납부하고, 함경도 24인과 평안도 5인은 부방과 납미納米를 자원에 따라 시행하고, … 하니, 알았다고 전교하였다.[122]

④ (영조 16년) 좌부승지 원경하가 병조의 말에 따라 아뢰기를, … 증광시 급제자 원수元數 158인 중 갑과 3인과 금군 15인, 별군직別軍職 1인, 가전별초駕前別抄 1인, 60세가 넘은 자 4인은 전례대로 부방을 면제하고, 강화江華 1인과 동래東萊 1인은 각 그 본부에 쌀을 내게 하며, 광주廣州 1인은 부방을 면제하고 쌀을 내는 것은 성 내외를 구별하여 처리하도록 하겠습니다. 평안도 7인과 함경도 6인은 전례에 따라 각 도에 납부케 하여 군향軍餉으로 쓰게 하겠습니다. … 윤허한다고 전교하였다.[123]

⑤ (정조 22년) 병조가 아뢰기를, 이번 무오 식년(정조 22) 무과의 출신 중 부방할 사족에 관한 일입니다. 부방해야 할 사람이 서울에 18인, 경기에 1인, 화성부에 9인, 강화부에 1인, 경상도에 2인, 충청도에 3인, 강원도에 1인, 황해도에 1인 도합 36인입니다. 모두 방목榜目의 차례에 따라 나누어 부방하게 하고 날짜를 안배하여 부방할 곳으로 보내되, 정식定式에 따라 강화부의 사람은 본부에 유방하게 하고 그 나머지는 평안도의 강변과 함경도의 6개 진에 나누어 부방하라는 뜻으로 신칙하고 … 전교하기를, 강화도 출신은 이미 본부에 유방하게 하는 예가 있는데, 화성은 소중한 바가 어찌 강화도에 비하겠는가. 앞으로 화성부의 출신은 강화도의 예에 따라 본부에 유방하게 하라.[124]

위 사례에는 각 무과 급제자의 수와 부방 자체가 면제된 자, 부방처 등이 구체적으로 나타나 있어, 분석을 통해 신급제자의 부방과 면제가 실제 어떻게 이루어졌는지 파악할 수 있다. 이해를 돕기 위해 위의 사례의 상황을 표로 일목요연하게 제시하면 아래 표와 같다.

122) 『승정원일기』552책(탈초본 30책), 경종 3년 3월 25일 갑진.
123) 『승정원일기』924책(탈초본 50책), 영조 16년 11월 17일 갑신.
124) 『일성록』정조 22년 5월 6일 기사 ; 『승정원일기』1792책(탈초본 95책) 정조 22년 5월 6일 기사.

〈표〉 무과 급제자의 부방과 면제 상황

| 연도 | 과거 종류 | 총 급제자 수 | 赴防·納米 면제자 수 | | | 비 고 |
			甲科	禁軍· 別軍職· 駕前別抄	60세 이상	
① 1672년 (현종 13)	별시	554	1	98	-	평안·함경도·제주도 출신은 本道·本鎭에 부방
② 1713년 (숙종 39)	증광시	168	3	29	1	평안·함경도·강화도 출신은 본도·본진에 부방
③ 1723년 (경종 3)	증광시	136	3	21	-	평안·함경도 출신은 본도에 부방 또는 납미, 강화도 출신은 본진에 납미
④ 1740년 (영조 16)	증광시	158	3	17	4	평안·함경도·강화도·동래·廣州 출신은 본도·본진에 부방 또는 납미
⑤ 1798년 (정조 22)	식년시	429 (부방대 상자36)	3	?	?	강화도·화성 출신은 본진에 부방

　위 사례에서 신급제자 중에서 면제되는 경우는 명확하게 제시하고 있음을 확인할 수 있다. 실제 부방한 신급제자의 인원은 명확하게 제시하고 있지 않지만, 면제자를 제외한 나머지 급제자는 당연히 부방의 대상이었음은 의심의 여지가 없다고 하겠다. 다만 사례 ⑤의 경우는 좀 더 부연 설명이 필요하다. 1798년(정조 22) 식년시의 경우 『일성록』이나 『승정원일기』에는 총급제자 수가 기록되어 있지 않은데, 『무과총요』에서 총급제자가 429인이었음을 확인할 수 있다.[125] 그 429인 중 부방 대상은 36인에 불과하여 큰 괴리를 보였다. 이는 앞에서 살폈듯이 영조대 중반 이후 '중서인中庶人'이 부방의 대상에서 제외되었기 때문으로 생각한다. 규정이 실제 현실에서 잘 시행되고 있었음을 확인할 수 있는 사례이다.

---

125) 『무과총요』 3, 정조 22년 식년시. 갑과 급제자는 3인이었다.

V. 맺음말

　1583년(선조 16) 육진 지역 번호들의 반란은 변방지역 방어 전략을 근본적인 차원에서 되짚어보는 계기가 되었다. 그동안 조선은 변경지역을 넘나들며 살아가는 여진인을 나라의 울타리로 삼아 적절하게 다루면서 공존하는 전략을 써왔다. 양국의 국경지역을 무대로 살아가는 소위 경계인들은 불가근불가원의 지혜로 잘 다스려야 나라가 편안하였다. 그들을 통해 정보를 얻는 것도 소홀히 해서는 안 되는 부분이었다. 번호들은 규제를 엄격히 하거나 이익이 틀어질 때는 항시 난동을 일으킬 소지를 안고 있었다. 이탕개의 난으로 대표되는 번호들의 일련의 난동이 당시 국제정세의 변화와 맞물려 일어났다.

　북방 변경이 혼란스러워지자 조선 조정에서는 변경지역 방어력을 보강할 필요성을 느꼈다. 그 보강의 한 방안으로 실시된 것이 무과 신급제자에게 1년간 변경지역에서의 의무적 복무를 부과하는 것이었다. 지금까지 무과에 관한 연구는 적지 않게 있었지만 무과 급제자가 국방력 강화에 어떤 방식으로 동원되었고 또 기여하였는가에 대해서는 구체적으로 논의된 바는 없었다. 그런 점에서 무과 신급제자에게 북방 국경지역에서 부방하게 하는 의무를 지게 한 조치는 주목할 만한 것이다.

　양반층에게 실제로 군역 의무를 지우려는 근본적인 개혁 방안의 발로는 아니었지만, 무과 급제자에게 관료 진출에 앞서 충족해야 할 조건 하나를 부과한 것이다. 군역을 지지 않던 양반층을 대상으로 비록 일부이지만 군복무의 부담을 지게 한 것은 형평성의 측면에서 약간의 의미를 부여할 수 있다. 국가 입장에서는 큰 비용을 들이지 않고 우수한 중간 간부 자원을 확보한 것이다. 급제자로서는 마지 못해 억지로 따를 수밖에 없는 조처였고, 관직 진출을 기대하고 있는 경우라면 더더욱 그러하였다. 한편으로는 국가 안보의 위기 상황에서 감내하면서 받아들일 수도 있는 조치였으며,

더러 나라를 지킨다는 자부심을 가질 수도 있었다.

무과 신급제자 부방의 필요성과 효용성은 북변의 긴장이 고조되었던 선조·광해군·인조대에는 비교적 높이 유지되었다. 조선 정부가 북방의 위기를 타개하기 위한 목적으로 무과 급제자 수를 급격하게 늘린 의도를 현실적으로 설명해 준다. 그러나 청의 중원 제패로 국제질서가 안정되고 변방의 긴장이 해소되면서 부방의 효용성은 점차 낮아지게 되었다. 이에 부방을 면제해주는 대가로 물품이나 미곡을 거두는 조처가 나타나기 시작하였고, 점차 그 비중이나 중요성이 실제 부방을 추월하게 되었다. 북방의 긴장이 완화된 후에는 부방의 의무를 미곡의 납부로 대체함으로써 재정 확충의 목적으로 활용한 것이다.

그런데 제방미의 징수는 부방을 전제로 한 것이기 때문에 부방의 중요성과 무관하게 계속 시행될 수 있는 성격의 것이 아니었다. 부방의 의미가 약화하는데, 그 대가로 받는 부방미 징수가 타당성을 계속 인정받기는 어려운 것이다. 특히 관직에의 진출이 거의 불가능하였던 비양반 출신 무과 급제자의 경우는 합격증의 대가치고는 상당한 부담을 톡톡히 치러야 했던 셈이다.

이에 영조대 중반에는 제도를 개선하여 비양반 무과 급제자는 부방의 의무를 지지 않게 되었고, 부방 의무를 전제로 징수하던 제방미의 납부 대상에서도 빠지게 되었다. 이제부터는 양반 급제자에게만 부방의 의무를 부과하였고, 제방미를 징수하더라도 양반 급제자에 국한하게 되었다. 양반에게만 부방의 의무를 지게 한 것은 관직 진출 기회의 여부와도 관련이 있는 것으로 생각한다. 그 후 세도정치기를 지나면서는 의무 부방 조항이 폐지되어 고종대에 편찬된 『대전회통』에 실리게 되었다. 요컨대 무과 신급제자에게 부과한 의무 부방제는 실제 부방을 시행하던 단계, 제방미 징수에 무게를 두던 단계, 양반에게만 부방 의무를 부과하는 단계를 거쳐 마침내 제도 자체가 폐지되기에 이르렀다.

후기

최전방 국경을 지키는 일은 어느 시대나 힘든 일이었다. 집을 떠나 오랜 시간 변방을 지키는 것은 당사자인 개인으로서는 하나의 특별한 경험이었다. 인간에게는 자신이 하는 경험이 특별하다고 생각하면 기록으로 남기려는 경향이 대개 있다. 이때 다수의 사람이 흔히 취하는 방식 중 하나가 일기를 쓰는 것이다.

이 책은 수백년전 변방 생활이라는 특별한 경험을 한 출신군관이 일기를 남겨놓은 데서 출발하였다. 이 일기의 분석을 토대로 국경 지역 병영에서의 생활상을 일부나마 밝혀낼 수 있었다. 함경도 6진 지역의 정기 점검과 훈련 상황, 하절기와 동절기 방어 체제의 특징, 군관들의 활쏘기 훈련과 활쏘기 시합 문화, 조총 제작 모습, 방직기의 존재와 생활 모습 등을 살필 수 있었다. 일기를 통하지 않고서는 구체적으로 밝혀내기가 어려운 부분이었다.

이 저서는 경상도 군관이 함경도 회령에 가서 근무한 내용이기 때문에 남북 교류라는 측면에서도 도움이 될 수 있다. 훗날 남북한의 학술적 교류를 위한 하나의 자료로 활용할 수 있기를 기대한다. 회령 지역을 포함하여 오가던 길의 노정을 따라 답사하는 것도 생각해 볼 수 있겠다.

『부북일기』는 오랜 기간 저자와 함께 한 일기였다. 혼자서 정독하면서 내용을 파악하기도 하였고, 대학원생 제자가 생긴 뒤로는 세미나 시간에 함께 읽으면서 검토하기도 하였다. 특히 번역하는 일을 맡았을 때는 다시금 꼼꼼히 점검하는 시간을 가져야 하였다. 그 작업의 시간 내내 함께 한 제자들이 있다. 그중 지금은 교수가 된 김지은 박사는 저자가 작성한 대부분 원고를 출간 전에 맨 먼저 읽고 조언을 건네는 첫 번째 독자였다.

이 책을 출간하면서 나의 마음은 한결 가벼워졌다. 오래전 스스로 약속한 일을 이것으로 완결하였기 때문이다. 교수 생활 30년 중 처음 12년은 울산에서 하였고, 그다음 18년은 대구에서 하고 있다. 울산을 떠나 대구로 올 무렵 나는 3권의 전문 저서 출간을 구상하였고, 이를 학문 인생의 목표로 삼았다. 이 책은 울산 지역사에 관한 저서와 영남 남인에 관한 저서에 이은 마지막 세 번째 책이다. 스스로 한 약속을 정년 전에 지키고 홀가분하게 마무리하게 된 것이다.

책을 마무리하는 시점에 이르니, 함께 손잡고 같은 방향을 바라보며 살아온 그리고 살아갈 아내 김희운의 얼굴이 가장 먼저 떠오른다. 공경하는 마음을 담아 고마움을 전한다. 그리고 이 책이 세상에 나올 수 있도록 3년간 지원을 해준 한국연구재단에 감사드린다. 녹녹지 않은 출판 환경 속에서 처음과 같은 마음으로 책을 만들어준 한정희 경인문화사 대표에게도 고마운 마음을 표한다.

2023년 4월

우인수

참고문헌

〈사료〉

『조선왕조실록』, 『승정원일기』, 『비변사등록』, 『일성록』, 『무과총요』, 『증보문헌비고』, 『동문휘고』, 『변례집요』, 『통문관지』, 『북관지』, 『북새기략』, 『북관기사』, 『북여요선』

『경국대전』, 『속대전』, 『대전통편』, 『대전회통』, 『전률통보』, 『신보수교집록』

『신증동국여지승람』, 『여지도서』, 『대동지지』, 『읍지』(아세아문화사)

『서북계도』, 『조선팔도지도』, 『관북지도』, 『대동여지도』『지도』3(고려대학교 도서관 소장)

『대동야승』, 『패림』, 『연려실기술』

『울산박씨대동보』, 『만성대동보』

동북아역사재단 편, 『조선시대 북방사 자료집』, 2004.

박계숙·박취문 지음, 우인수 옮김, 『부북일기』, 울산박물관, 2012.

박래겸 지음, 조남권·박동욱 옮김, 『북막일기』, 글항아리, 2016.

신류 지음, 계승범 옮김, 『북정록』, 서해문집, 2018.

〈저서〉

강석화, 『조선후기 함경도와 북방영토의식』, 경세원, 2000.

김응종, 『아날학파』, 민음사, 1991.

남의현, 『명대 요동지배정책 연구』, 강원대학교출판부, 2008.

문숙자, 『68년의 나날들, 조선의 일상사』, 너머북스, 2009.

박원호, 『명초 조선관계사 연구』, 일조각, 2002.

배우성, 『조선후기 국토관과 천하관의 변화』, 일지사, 1998.

심우성, 『우리나라의 민속놀이』, 동문선, 1996.

오종록, 『조선초기 양계의 군사제도와 국방』, 국학자료원, 2014.

우인수 외, 『천민 예인의 삶과 예술의 궤적』, 두산동아, 2007.

우인수 외, 『일기에서 역사를 엿보다 – 청대일기를 중심으로 –』, 새물결출판사, 2016.

육군사관학교 한국군사연구실, 『한국군제사 – 근세조선후기편 –』, 육군본부, 1976.

원창애 외, 『인정사정, 조선 군대 생활사』, 한국학중앙연구원, 2017.

원창애 외, 『조선 최정예 군대의 탄생』, 한국학중앙연구원, 2017.

이상일, 『놀이문화와 축제』, 성균관대출판부, 1988.
이수봉, 『구운몽후와 부북일기』, 경인문화사, 1994.
이태진, 『조선후기의 정치와 군영제 변천』, 한국연구원, 1985.
정해은, 『조선의 무관과 양반사회』, 역사산책, 2020.
조완묵, 『우리민족의 놀이문화』, 정신세계사, 1996.
한국고문서학회, 『조선시대 생활사』, 역사비평사, 1996.
한명기, 『정묘·병자호란과 동아시아』, 푸른역사, 2009.
한성주, 『조선전기 수직여진인 연구』, 경인문화사, 2011.
한성주, 『조선시대 藩胡 연구』, 경인문화사, 2018.
로렐 대처 울리히 지음, 윤길순 옮김, 『산파일기』, 동녘, 2008.
史衛民, 『元代社會生活史』, 중국사회과학출판사, 1996.
유진Y.박 지음, 유현재 옮김, 『조선 무인의 역사, 1600~1894』, 푸른역사, 2018.
이시바시 다카오 지음, 홍성구 옮김, 『대청제국 1616~1799』, 휴머니스트, 2009.
자크 제르네 지음, 김영제 옮김, 『전통 중국인의 일상생활』, 신서원, 1995.
페르낭 브로델 지음, 주경철 옮김, 『물질문명과 자본주의-일상생활의 구조-』, 까치, 1995.

〈논문〉

강석화, 「조선후기 함경도 육진지역의 방어체제」, 『한국문화』 36, 2005.
계승범, 「향통사 하세국과 조선의 선택 : 16-17세기 한 여진어 통역관의 삶과 죽음」, 『만주연구』 11, 2011.
고윤수, 「광해군대 조선의 요동정책과 조선군 포로」, 『동방학지』 123, 2004.
김구진, 「조선초기의 대외관계-여진과의 관계」, 『한국사』 22, 국사편찬위원회, 1995.
김구진·이현숙, 「『제승방략』의 북방 방어 체제」, 『국역 제승방략』, 세종대왕기념사업회, 1999.
김기봉, 「독일 일상생활사, 어디서 와서 어디로 가는가?」, 『서양사론』 50, 1996.
김백철, 「조선시대 함경도 지역사 시론」, 『규장각』 51, 2017.
김세용, 「선조조 이탕개난 연구」, 성균관대학교 박사학위논문, 2016.
김순남, 「조선전기 5진 번호 동향의 추이」, 『역사와 실학』 46, 2011.
김응종, 「심성사의 여러 모습」, 『오늘의 역사학』, 한겨레신문사, 1998.
김응종, 「아날 : 역사와 사회과학」, 『문학과 사회』 1994, 가을.
김정자, 「망탈리테史의 가능성과 한계점」, 『서양사론』 31, 1988.

김준영·우인수, 「조선후기 함경도 북평사의 위상과 역할」, 『민족문화논총』 78, 2021.

남의현, 「16-17세기 두만강 변경지역 여진의 성장과 국제질서의 변화」, 『명청사연구』 41, 2014.

노영구, 「조선후기 함경남도 간선 방어체계」, 『한국문화』 36, 2005.

문기상, 「'일상생활사(Alltagsgeschichte)'」 『역사교육』 57, 1995,

민덕기, 「임진왜란기 조선의 북방 여진족에 대한 위기의식과 대응책」, 『한일관계사연구』 34, 2009.

민덕기, 「임진왜란 직전 조선의 국방 인식과 대응에 대한 재검토 - 동북방 여진에 대한 대응을 중심으로 - 」, 『역사와 담론』 57, 2010.

박원호, 「조선초기의 대외관계 - 15세기 동아시아정세」, 『한국사』 22, 국사편찬위원회, 1995.

박정민, 「누르하치의 두만강 유역 진출과 조선의 번호 상실」, 『인문과학연구』 43, 강원대학교 인문과학연구소, 2014.

박정민, 「朝鮮前期の對女眞政策」, 『年報 朝鮮學』 20, 2017.

박정민, 「조선중기 무장 최호의 북방 활동」, 『백산학보』 105, 2016.

송우혜, 「조선 선조조의 이탕개란 연구」, 『역사비평』 72, 2005.

심승구, 「조선 선조대 무과 급제자의 분석」, 『역사학보』 144, 1994.

심승구, 「임진왜란 중 무과급제자의 신분과 특성」, 『한국사연구』 92, 1996.

심승구, 「임진왜란 중 무과의 운영 실태와 기능」, 『조선시대사학보』 1, 1997.

심승구, 「조선후기 무과의 운영 실태와 기능 - 만과를 중심으로 - 」, 『조선시대사학보』 23, 2002.

안병직, 「'일상의 역사'란 무엇인가」, 『오늘의 역사학』, 한겨레신문사, 1998.

우인수, 「『부북일기』를 통해 본 17세기 출신군관의 부방생활」, 『한국사연구』 96, 1997.

우인수, 「조선시대 생활사연구의 현황과 과제」, 『역사교육논집』 23·24, 1999.

우인수, 「조선후기 북변지역 기생의 생활양태」, 『역사와 경계』 48, 2003.

우인수, 「『부북일기』에 나타난 무인의 활쏘기」, 『학예지』 18, 육군사관학교, 2011.

우인수, 「조선후기 무과급제자의 의무부방제와 그 운영 실태」, 『역사교육논집』 80, 2022.

유봉학, 「일록 『공사기고』에 나타난 19세기 書吏의 생활상」, 『규장각』 13, 1990.

윤호량, 「선조 16년(1583) '이탕개의 난'과 조선의 대응」, 『군사』 82, 2012.

이성임, 「16세기 조선 양반관료의 사환과 그에 따른 수입 - 유희춘의 『미암일기』

를 중심으로-」, 『역사학보』 145, 1995.

이수봉, 「赴北日記攷(1)」, 『국어국문학연구』 12, 영남대, 1970.

이수봉, 「赴北日記攷(2)」, 『송순강교수화갑기념어문논총』, 원광대, 1991.(『울산문화』 7(1991)에 재수록)

이수봉, 「赴北日記攷(3)」, 『울산문화』 8, 울산문화원, 1992.

이재경, 「명종-선조대 압록강 방면 여진족 집단들과 조선」, 『한국문화』 83, 2018.

이철성, 「17세기 평안도 '강변 7읍'의 방어체제」, 『한국사학보』 13, 2002.

이홍렬, 「만과 설행의 정책사적 추이-조선중기를 중심으로-」, 『사학연구』 18, 1964.

장정수, 「선조대 대여진 방어전략의 변화 과정과 의미」, 『조선시대사학보』 67, 2013.

정해은, 「조선후기 선천의 운영과 선천인의 서반직 진출 양상」, 『역사와 현실』 39, 2001.

정해은, 「조선후기 무과급제자 연구」, 한국정신문화연구원 박사학위논문, 2002.

정현백, 「역사연구에서 '문화'의 역할」, 『역사교육』 56, 1994.

주명철, 「사회사에서 문화사로」, 『한국사 시민강좌』 8, 1991.

주명철, 「프랑스 역사학의 새 경향-사회문화사 연구방법-」, 『역사비평』 23, 1993.

한성주, 「조선전기 두만강 유역 女眞 藩籬·藩胡의 형성과 성격」, 『한국사학보』 41, 2010.

한성주, 「조선 변경정책의 허와 실-두만강 유역 여진 번호의 성장과 발전-」, 『명청사연구』 42, 2014.

한성주, 「임진왜란 전후 여진 藩胡의 조선 침구 양상과 조선의 대응 분석」, 『동양사학연구』 132, 2015.

찾아보기

자...

우인수禹仁秀

대구 출신으로 경북대학교 사범대학 역사교육과를 졸업하고, 경북대학교 대학원 사학과에서 석사학위와 박사학위를 취득하였다. 현재 경북대학교 사범대학 역사교육과 교수로 재직하고 있다. 조선 후기 정치사와 생활사에 관심을 가지고 있다. 『조선후기 산림세력 연구』, 『천민 예인의 삶과 예술의 궤적』(공저), 『조선시대 울산지역사 연구』, 『부북일기(역주)』, 『임란의병의 힘, 호수 정세아 종가』, 『문무의 길, 청신재 박의장 종가』, 『조선 서원을 움직인 사람들』(공저), 『조선후기 영남 남인 연구』, 『일기에서 역사를 엿보다』(공저), 『1747년 사근도 역 사람들』(공저), 『전쟁과 그 기억 -임진왜란과 류성룡-』(공저) 등의 저서와 수십 편의 논문이 있다.

군관 일기 -17세기 함경도 변방에서의 일년-

2023년 07월 18일 초판 1쇄 발행
2025년 01월 20일 초판 2쇄 발행

지 은 이 우인수

발 행 인 한정희
발 행 처 경인문화사
편 집 부 김지선 한주연 김한별 양은경
마 케 팅 하재일 유인순
출 판 신 고 제406-1973-000003호
주   소 경기도 파주시 회동길 445-1 경인빌딩 B동 4층
대 표 전 화 031-955-9300 팩   스 031-955-9310
홈 페 이 지 http://www.kyunginp.co.kr
이 메 일 kyungin@kyunginp.co.kr

ISBN 978-89-499-6728-8 93910
값 16,000원